Wörterbuch für Grundschulkinder

von Gerhard Sennlaub

Cornelsen

Von A bis Zett
Wörterbuch für Grundschulkinder

von Gerhard Sennlaub

Für die kritische Durchsicht des Manuskripts
danken wir Frau Ilse Brauns.

Für die Beratung bei Mundart-Angaben danken wir:
Monika Busch, Stade
Thomas Deskau, Jetzendorf/Oberbayern
Eckhard Nehls, Wuppertal
Fridolin Schmid, Salem/Bodensee
Oswald Schmidt, Merenberg/Westerwald

Redaktion: Barbara Schmid-Heidenhain

Grafik: Birgit Rieger, Ines Rarisch (S. 217-231)

Zu diesem Wörterbuch sind erschienen:
Arbeitsheft 2 (Best.-Nr. 611655)
Arbeitsheft 3 (Best.-Nr. 611663)
Arbeitsheft 4 (Best.-Nr. 611671)
Lehrerheft (Best.-Nr. 611035)

Cornelsen online http://www.cornelsen.de

2. Auflage Druck 8 7 6 5 Jahr 06 05 04 03

Druck: Parzeller, Fulda

ISBN 3-464-61101-9 – broschiert
3-464-61100-0 – gebunden

Bestellnummer 611019 – broschiert
611000 – gebunden

Gedruckt auf säurefreiem Papier,
umweltschonend hergestellt aus chlorfrei gebleichten Faserstoffen.

Inhaltsverzeichnis

In der

die **Schule**

Schule *Schule* *Schule*

der **Schüler**

Schüler *Schüler* *Schüler*

der **Tisch**

Tisch *Tisch* *Tisch*

das **Buch**

Buch *Buch* *Buch*

das **Lied**

Lied *Lied* *Lied*

Klasse 1

lernen

lesen

reden

essen

singen

malen

sagen

bauen

helfen

lernen lernen lernen

lesen lesen lesen

reden reden reden

essen essen essen

singen singen singen

malen malen malen

sagen sagen sagen

bauen bauen bauen

helfen helfen helfen

das **Mädchen**

der **Junge**

das **Kind**

die **Mama**

die **Mutter**

die **Mutti**

der **Papa**

der **Vater**

die **Oma**

der **Opa**

Mädchen

Mädchen Mädchen

Junge Junge Junge

Kind Kind Kind

Mama Mama Mama

Mutter Mutter Mutter

Mutti Mutti Mutti

Papa Papa Papa

Vater Vater Vater

Oma Oma Oma

Opa Opa Opa

der Hof

das Eis

der Roller

die Fahne

der Wagen

die Tasche

der Kuchen

die Hose

die Nase

der Apfel

die Leute

Hof	Hof	Hof
Eis	Eis	Eis
Roller	Roller	Roller
Fahne	Fahne	Fahne
Wagen	Wagen	Wagen
Tasche	Tasche	Tasche
Kuchen	Kuchen	Kuchen
Hose	Hose	Hose
Nase	Nase	Nase
Apfel	Apfel	Apfel
Leute	Leute	Leute

die Sonne

die Wiese

der Baum

das Nest

das Wasser

der Bach

das Haus

der Weg

der Wald

die Blume

das Auto

Sonne	Sonne	Sonne
Wiese	Wiese	Wiese
Baum	Baum	Baum
Nest	Nest	Nest
Wasser	Wasser	Wasser
Bach	Bach	Bach
Haus	Haus	Haus
Weg	Weg	Weg
Wald	Wald	Wald
Blume	Blume	Blume
Auto	Auto	Auto

Kinder

können spielen, lachen,

dürfen auch weinen,

müssen sich waschen.

will

nicht

Kinder Kinder Kinder

können spielen, lachen,

können spielen, lachen,

können spielen, lachen,

dürfen auch weinen,

dürfen auch weinen,

dürfen auch weinen,

müssen sich waschen.

müssen sich waschen.

müssen sich waschen.

will will will

nicht nicht nicht

kommen

gehen

fahren

suchen

holen

kaufen

laufen

rufen

rollen

sollen

wollen

kommen

kommen kommen

gehen gehen gehen

fahren fahren fahren

suchen suchen suchen

holen holen holen

kaufen kaufen kaufen

laufen laufen laufen

rufen rufen rufen

rollen rollen rollen

sollen sollen sollen

wollen wollen wollen

der **Hund**

die **Katze**

die **Maus**

der **Hase**

die **Ente**

die **Kuh**

das **Tier**

der **Igel**

der **Vogel** **und** das **Ei**

Hund Hund Hund

Katze Katze Katze

Maus Maus Maus

Hase Hase Hase

Ente Ente Ente

Kuh Kuh Kuh

Tier Tier Tier

Igel Igel Igel

Vogel und Ei

Vogel und Ei

Vogel und Ei

groß

klein

neu

leise

rot

gut

schön

fein

lang

kurz

sauber

groß	groß	groß
klein	klein	klein
neu	neu	neu
leise	leise	leise
rot	rot	rot
gut	gut	gut
schön	schön	schön
fein	fein	fein
lang	lang	lang
kurz	kurz	kurz
sauber	sauber	sauber

wer, wo, was?

der, die, das!

ich, du, er, sie, es

wo ist?

schon

wer, wo, was

wer, wo, was

wer, wo, was

der, die, das

der, die, das

der, die, das

ich, du, er, sie, es

ich, du, er, sie, es

ich, du, er, sie, es

wo ist wo ist wo ist

schon schon schon

Mäuse, Mäuse, Mäuse

eine hier, noch eine da,

über, unter, auf der Tür,

alle hin und her

Mäuse Mäuse Mäuse

eine hier, noch eine da,

eine hier, noch eine da,

eine hier, noch eine da,

über, unter, auf der Tür,

über, unter, auf der Tür,

über, unter, auf der Tür,

alle hin und her

alle hin und her

alle hin und her

unser Ball am Haus

zum Paul, zur Paula

von mir zu dir

ja

so

unser Ball am Haus

unser Ball am Haus

unser Ball am Haus

zum Paul, zur Paula

zum Paul, zur Paula

zum Paul, zur Paula

von mir zu dir

von mir zu dir

von mir zu dir

ja ja ja

so so so

Sie ist da.

Sie ist da. Sie ist da.

Sie ist da.

Sie sind da.

Sie sind da. Sie sind da.

Sie sind da.

für mich

für mich für mich

für mich

ich kann

ich kann ich kann

ich kann

Aufgaben:
Wie man im Wörterbuch nachschlägt

Hier lernst du, wie man im Wörterbuch Wörter findet. Wenn du der Reihe nach arbeitest, braucht dir deine Lehrerin oder dein Lehrer nicht zu helfen.
Nimm dir jeden Tag eine Aufgabe vor. Nicht weniger – aber auch nicht mehr. Am ersten Tag nur Nummer 1. Am zweiten Tag nur Nummer 2. Und so weiter.

Dieses Zeichen heißt: Suche dir einen Partner. Jeder von euch löst die Hälfte der Aufgaben. Die zweite Hälfte darf jeder vom anderen abschreiben. Selbstverständlich sollt ihr einander auch helfen.

1. ABC-Gedicht

   A B C D E F G — Puderzucker ist kein Schnee.
   H I J K L M N O P — Badewasser ist kein See.
   Q R S T U V W — Limonade ist kein Tee.
   X Y Z — Die Schulbank ist kein Bett!

   Lerne das ABC-Gedicht auswendig. Übe es noch einmal vor dem Schlafengehen und nach dem Aufstehen morgen früh.
2. Lerne weiter das ABC-Gedicht auswendig. Sprich es einem Freund oder einer Freundin vor.
3. Wiederhole das ABC-Gedicht. Sprich es deiner Mutter oder deinem Vater vor.
4. Das ABC-Gedicht hat 4 Zeilen. Schreibe die 4 Zeilen auswendig untereinander, aber nur die ABC-Buchstaben.
5. In welcher Zeile des ABC-Gedichts steht der Buchstabe?

   1. A *2.* O *3.* H *4.* V

   Schreibe jedes Mal die ganze Zeile. So: *1.* A B C D E F G
   2. . . .

6. 1. Wiederhole das ABC-Gedicht. Sprich es einem Freund oder einer Freundin vor.
2. Welche drei Buchstaben stehen danach?
1. D *2.* A *3.* C *4.* B
Schreibe so: *1.* D E F G
2. . . .

7. Welche beiden Buchstaben stehen davor?
1. G *2.* C *3.* E *4.* D *5.* F
Schreibe so: *1.* E F G
2. . . .

8. Welche drei Buchstaben stehen danach?
1. H *2.* K *3.* J *4.* I
Schreibe so: 1. H I J K und so weiter.

9. Welche beiden Buchstaben stehen davor?
1. J *2.* N *3.* K *4.* M *5.* L
Schreibe so: *1.* H I J und so weiter.

10. ABC-Test
Sprich das ABC so schnell, wie du kannst. Kontrolliere mit dem Sekundenzeiger einer Uhr. Beurteile dein Ergebnis selbst:

– mehr als 15 Sekunden:	Du kannst noch nicht zufrieden sein. Übe jeden Tag weiter.
– 12 bis 15 Sekunden:	Herzlichen Glückwunsch! Du bist schon gut.
– 8 bis 12 Sekunden:	Du bist besonders gut!
– unter 8 Sekunden:	Du bist reif für die Weltmeisterschaft!

Schreibe dein Ergebnis ins Heft. Wenn es gut ist, sage es deiner Lehrerin.

11. Welcher Buchstabe steht davor, welcher danach?
1. C *2.* F *3.* D *4.* E *5.* B
6. I *7.* M *8.* K *9.* J *10.* L
Schreibe so: *1.* B C D *2.* E F G und so weiter.

12. Denke dir eine Melodie für das ABC-Gedicht aus. Singe dein ABC-Lied an deinem Tisch vor. Darfst du es auch der Klasse vorsingen?

13. Welche drei Buchstaben stehen danach?
1. T *2.* S *3.* Q *4.* R
Schreibe so: 1. T U V W und so weiter.

14. Welche beiden Buchstaben stehen davor?
1. W *2.* U *3.* S *4.* T *5.* V
Schreibe so: *1.* U V W und so weiter.

15. Welcher Buchstabe steht davor, welcher steht danach?
1. G *2.* N *3.* U *4.* H *5.* O *6.* V
Schreibe so: *1.* F G H und so weiter.

16. Ordne diese Namen nach den Anfangsbuchstaben:
Daniela, Alessandra, Claudia, Beate, Frank, Elli, Georg
Schreibe so: **Alessandra, Beate, Claudia . . .**
(Die Lösung steht auf Seite 162.)

17. Ordne diese Namen nach den Anfangsbuchstaben:
Giovanna, Lisbeth, Jan, Nadine, Inge, Katrin, Mehmet
Schreibe so: **Giovanna, Inge, Jan . . .** (→ S. 162)

18. Ordne diese Familiennamen nach den Anfangsbuchstaben:
Wagner, Meier, Lehmann, Seiler, Posser, Zander
Schreibe so: **Lehmann, Meier . . .** (→ S. 162)

19. **Auto, Finger, Nase, Wind, Bauch, Luft, Radio, Hund, Großmutter, Opa**
Mache dir eine ABC-Liste und ordne die Wörter ein. So:

A	Auto
B	Bauch
C	
D	
E	
F	Finger

und so weiter (→ S. 162)

20. Benutze von nun an das erste Wörterverzeichnis. Es sind die Seiten mit der **gelben** Leiste oben.

Auf welcher Seite stehen die Wörter, die mit **C, J, U, Q, N, I, O, V** anfangen?

Schreibe so: **C: Seite 18**
J: . . .

21. Auf welcher Seite stehen die Wörter, die mit **Fi, Scho, I, Da, Zo, O, El, U** und **Ga** anfangen?
Von nun an kannst du immer das Wort 'Seite' und den Doppelpunkt weglassen.
Schreibe so: **Fi 24, Scho . . .**

22. **Auto, Bett, Fuß, Glocke, Haus, Katze, Zimmer, Luft, Mund, Name, Wind, Papa**
Diese Wörter sind nach dem ABC geordnet. Zwei sind falsch eingeordnet. Ordne sie richtig ein und schreibe alle.
So: **Auto, Bett . . .** Lass einen Partner kontrollieren!

23. Mache dir eine ABC-Liste und ordne die folgenden Wörter ein: **Puppe, Radio, Bett, Hand, Gedicht, Zahn, Ferien, Mädchen, Dorf, Jahr**
Schreibe dann alle zehn Wörter noch einmal mit Kommas hintereinander. So: **Bett, Dorf . . .** (→ S.162)

24. Auf welcher Seite im Wörterbuch stehen die Wörter, die mit **Ab, Wa, Ra, O, Mi, He, Eb, St, Da** und **Za** anfangen? Schreibe so: **Ab 12, Wa . . .**

25. Suche im Wörterbuch die Namen von Tieren, die so anfangen:
Ka, Fi, I, El, Ha, P, V, Ma
Schreibe mit Seitenzahl. So: **Katze 34 . . .**

26. Suche diese Wörter und schreibe sie mit Seitenzahl:
Milch, Heft, Dach, Stein, Wald, Tor, Flasche, Jahr, Topf
Schreibe so: **Milch 39 . . .**

27. Ordne diese Wörter (S. 8) nach dem ABC. Kannst du es ohne ABC-Liste?

EIS, KINO, LADEN, NAMEN, PAPA, ZWEIG, ORT
Wenn die Wörter richtig geordnet sind, ergeben die letzten Buchstaben das Lösungswort, wenn du sie hintereinander schreibst. (→ S. 162)

28.  Wie heißt das erste Wort im Wörterbuch, das so anfängt:
EI, Za, V, Ra, We, Ta, Sa, Qu, Li, Scho?
Schreibe so: Elefant, Zahl ...

29. Angst, Zweig, Wurst, Ball, Welt, Blatt, Wasser, Mutter, Satz, Schwester
Schreibe diese Wörter mit Seitenzahl. So: Angst 12 ...

30. Schreibe alle Monatsnamen mit der Seitenzahl.
So: Januar 33, Februar 23 ...

31.  Wie heißt das letzte Wort im Wörterbuch, das so anfängt:
bl, zw, Bu, Zi, De, We, Du, Wa, Ei, vo, Fe, u, fo, Te?
Schreibe so: bluten, zwölf ...

32. Suche im Wörterbuch die Namen von Sachen, die man essen oder trinken kann. Sie fangen so an:
Ka, Qu, Bo, Scho, Ku, Wu, Te, Mi
Schreibe mit Seitenzahl. So: Kaffee 34 ...

33. Welche Namenwörter im Wörterbuch fangen mit I und J an?

34. Ordne diese Wörter nach dem ABC. (Kannst du das ohne Liste?)
Qualm, Puppe, Regen, Tatze, Suppe, Uhr, Zahn, Wind
Schreibe so: Puppe ... (→ S. 162)

35. Suche die Namen von Körperteilen, die so anfangen:
P, Ba, Ko, Be, Fu
Schreibe mit Seitenzahl. (→ S. 162)

36. 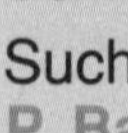 Wie heißt das letzte Wort im Wörterbuch, das so anfängt:
Te, ge, s, sp, gu, he, ru, J, re, kn?
Schreibe so: Texte ...

37. Dieses alles gibt es an deinem Körper oberhalb der Brust:
Au..., O...., Ha.., Ha..., Mu.., Ko.., N...
Schreibe mit Seitenzahl. So: Augen 13 . . . (→ S. 162)

38. Auch Wörter, die alle mit dem gleichen Buchstaben anfangen, kannst du nach dem ABC ordnen. Dann kommt es nicht auf den ersten, sondern auf den zweiten Buchstaben an.
Ente, Eber, Erde, Eheleute, Esel, Efeu, Eisen, Elli, Ekel
Lege eine Tabelle an und schreibe die Wörter dazu:

E a
E b er
E c
E d
E e
E f eu
E g und so weiter (→ S. 162)

39. Ober, Ohr, Ofen, Onkel, Oma, Ort, Osten, Otto, Ozean
Lege eine Tabelle an und ordne die Wörter ein.

So: O a
O b e r
c
d
e
O f e n und so weiter (→ S. 162)

40. Ordne nach dem ABC:
Ampel, Abend, Affe, Ball, Blume, Berg, Brille, Dezember, Dach
Schreibe so: Abend . . .
Lass einen Partner kontrollieren.

41.  Auf welcher Seite im Wörterbuch stehen die Wörter, die mit Al, Wo, Ar, Tr, Br, Schr, Do und Sche anfangen?
Schreibe so: Al 12 . . .

42. Auf welcher Seite im Wörterbuch stehen die Wörter, die mit dr, Ro, Eck, Mo, En, Lo, Er, Fl und Kr anfangen?
Schreibe so: dr 20 . . .

43. Ordne nach dem ABC:
Dach, Donnerstag, Dezember, Ecke, Eimer, Esel, Geschichte, Flugzeug, Ferien
Schreibe so: Dach . . . (→ S. 162)

44. Suche die Fehler.
Zwei dieser Seitenzahlen sind falsch. Schreibe nur die zwei Wörter, bei denen die Seitenzahl nicht stimmt.
Schrank 48, Brief 17, Loch 37, Brot 17, Donnerstag 20, Kino 35, Floh 25

45.  Alle Wortpaare stehen auf einer Seite. Nur zwei nicht.
Welche? Schreibe die beiden Paare ins Heft.

Fisch – Floh	Schiff – Schlitten	Glas – Gras
Woche – Wurst	Reise – Roller	Knie – Kopf
Boot – Brille	Holz – Hund	Kuchen – Krach
Arzt – Ast	Dose – Durst	Loch – Luft

46. Suche Wörter, die sagen, wie Kinder sein können.
Sie fangen so an:
br, gr, kr, li, di, fr, fr, kl, kl, lu
Schreibe so: braun . . . (→ S. 162)

47. Achtung: ä ist wie a eingeordnet, ö wie o, ü wie u und äu wie au; ä, ö, ü und äu sind so sortiert, als hätten sie nicht ihre Umlaut-Pünktchen.
Ordne nach dem ABC:
Apfel, Auge, Ärzte, Bäcker, Bein, brechen, böse, Fisch, Fähre, Füße
Schreibe so: Apfel, Ärzte . . .
Lass von einem Partner kontrollieren.

48. Alle diese Wörter stehen im Wörterbuch. Nur drei haben sich dazwischengemogelt. Schreibe nur diese drei.

Feuer, Wand, übrig, schön, immer, halb, Läden, Kaninchen, Zunge, Floh, Popo, Brot, Fliege, schwach, oft, Eisen (→ S.162)

49. Ängste, Schülerin, über, Vögel, Räder, möglich, hören, König

Schreibe jedes Wort zusammen mit dem Wort, das <u>vor</u> ihm im Wörterbuch steht.

So: Angst – Ängste, Schüler – Schülerin . . .

50. Suche Namen von Sachen aus dem Wörterbuch, die aus Metall sind. Sie fangen so an: Gl, Am, To, Ba, U, Bu, Me, Do, Au

Schreibe so: Glocke . . . (→ S.162)

51. Welche dieser Wörter schreibt man groß? Das Wörterbuch sagt es dir.

MUT, ANGST, WIND, ANTWORT, FREITAG, STUNDE, LUFT, HUNGER, JUNI, ANDERE

Schreibe die Wörter, die man großschreibt. (→ S.162)

52. Bei diesen Wörtern fehlen die schwierigsten Buchstaben. Schreibe sie richtig. Manchmal musst du auch zwei Buchstaben einsetzen.

eigen__lich, Flugzeu__, hoffen__lich, Stä__e, kapu__, tausen__, schwar__, trauri__

53. 

Schreibe die Namen mit Seitenzahl.

Wichtige Wortarten erkennst du an der Farbe:

Nomen (Substantive, Namenwörter) sind blau: der Abend

Verben (Tätigkeitswörter, Zeitwörter, Tunwörter) sind rot: singen

Adjektive (Wiewörter, Eigenschaftswörter) sind grün: groß

Ab bis An

ab
der Abend
die Abende
abends
aber
ach
acht
der Affe
die Affen
alle
allein
alles
als
also
alt
am

die Ampel
die Ampeln
an
andere
ändern
anders
der Anfang
die Anfänge
anfangen
die Angst
die Ängste
anrufen
die Antwort
die Antworten
wir antworten
anziehen

der Apfel
die Äpfel
der April
die Arbeit
die Arbeiten
wir arbeiten
der Arbeiter
die Arbeiter
er arbeitet
der Arm
die Arme
der Arzt
die Ärzte

er aß
der Ast
die Äste
auch
auf
die Aufgabe
die Aufgaben
das Auge
die Augen
der August
aus
das Auto
die Autos

das Baby
die Babys
der Bach
die Bäche
wir backen
der Bäcker
die Bäcker
sie backt
das Bad
wir baden
die Bäder
sie badet
der Bagger
die Bagger
die Bahn
die Bahnen
bald

der Ball
die Bälle
ich band es fest
die Bank
die Bänke
der Bär
die Bären
sie bat mich
der Bauch
die Bäuche
bauen
der Bauer
die Bäuerin
die Bauern
der Baum
die Bäume
er baut ein Haus

es begann
beginnen
bei
beide
beim Essen
das Bein
beinahe
die Beine
das Beispiel
die Beispiele
beißen
er bekam
bekommen

der Berg
die Berge
besonders
besser
bestimmt nicht
der Besuch
die Besuche
besuchen
beten
das Bett
die Betten
bewegen
bezahlen
er bezahlt

das Bild
die Bilder
billig
ich bin
wir binden
die Birne
die Birnen
bis morgen
er biss mich
ein bisschen
du bist da
bitte komm!

bitten
das Blatt
die Blätter
blau
bleiben
sie bleibt
er blieb dort
blöde
die Blume
die Blumen
bluten

der Boden
die Böden
die Bohne
die Bohnen
das Boot
die Boote
böse
er brach ab
er brachte
es brannte
der Braten
die Braten
brauchen
braun
brechen
brennen
es bricht ab

der Brief
die Briefe
die Brille
die Brillen
bringen
er bringt
das Brot
die Brote
der Bruder
die Brüder
das Buch
die Bücher
bücken
bunt
der Bus
die Busse
die Butter

der Christ
die Christen
das Christkind
der Clown

das Dach
die Dächer
ich dachte
dafür
damals
damit
danke
danken
sie dankt
dann
daran
darauf
ich darf das
darin
darüber
darum
das
davon
dazu
decken
er deckt
dein
dem
gib den Ball!
gib denen nichts!
denken
wo denn?
der
deutsch
der Dezember

dich
dicht
dick
dicker
die
dienen
der Dienstag
die Dienstage
diese
dieser
dieses
das Ding
die Dinge
dir
doch
der Donnerstag
die Donnerstage
doof
das Dorf
die Dörfer
dort
die Dose
die Dosen
draußen
drei
drücken
er drückt
du
dumm
dunkel
dünn
durch
dürfen
ich durfte
der Durst

eben gerade
die Ecke
die Ecken
das Ei
die Eier
eigene
eigentlich
eilen
der Eimer
die Eimer
ein

ein bisschen
eine
in einem Haus
gib einen Kuss!
einer
eines Tages
einfach
einige
einmal
eins
das Eis

der Elefant
die Elefanten
elf
die Eltern
das Ende
die Enden
endlich!
eng
die Ente
die Enten
er
die Erde
die Erden
erklären
erlauben
der Ernst
sie erschrak

wir erschrecken
sie erschrickt
er ist erschrocken
erst
erste
erzählen
es
der Esel
die Esel
das Essen schmeckt
wir essen
etwa
etwas
euch
euer
eure
ewig

die Fahne
fahren
sie fährt
die Fahrt
die Fahrten
fallen
sie fällt
falsch
die Familie
die Familien
ich fand etwas
fangen
es fängt an
fassen
sie fasst an
sie fasste an
fast acht Uhr
der Februar

fehlen
der Fehler
feiern
die Feier
fein
der Feind
die Feinde
das Feld
die Felder
das Fenster
die Fenster
die Ferien
fernsehen
fertig
fest zugebunden
das Fest feiern
die Feste
das Feuer

er fiel
finden
sie findet
er fing
es fing an
der Finger
die Finger
der Fisch
die Fische
die Flasche
die Flaschen
das Fleisch
die Fliege
die Fliegen

wir fliegen
er fliegt
fliehen
fließen
er flog
er floh
der Floh
die Flöhe
es floss
der Flügel
die Flügel
das Flugzeug
die Flugzeuge
wir folgen
fort

wir fragen
er fragt
er fraß
die Frau
die Frauen
frech
frei
der Freitag
die Freitage
fremd
fressen
freuen
der Freund
die Freunde
die Freundin
die Freundinnen

freundlich
der Friede oder:
der Frieden
frisch
er frisst
froh
früh
der Frühling
ich fuhr
führen
fünf
für
der Fuß
die Füße

sie gab mir
ganz fertig
gar
der Garten
die Gärten
geben
hat gebeten
hat gebissen
hat gebrochen
ist gebunden
die Geburt
die Geburten
der Geburtstag
die Geburtstage
die Gefahr
die Gefahren
gefährlich
gefallen

es gefiel mir
ist geflossen
hat gefunden
ist gegangen
gegen
hat gegessen
hat gegossen
hat gehabt
gehen
hat geholfen
er geht
der Geist
hat geklungen
hat gelassen
gelb
das Geld
hat gelegen
das Gemüse

genau
hat genommen
genug
gerade
hat gerissen
gern
das Geschäft
die Geschäfte
das Geschenk
die Geschenke
die Geschichte
die Geschichten
das Geschirr
hat geschlossen
hat gesessen
das Gesicht
die Gesichter

hat gesprochen
ist gesprungen
gestern
gesund
hat gesungen
ist gesunken
hat getan
hat getroffen
hat getrunken
er gewann
ist gewesen
gewinnen
sie gewinnt
hat gewonnen
ist geworden
hat geworfen

er gibt
wir gießen
es ging
das Glas
die Gläser
glatt
glauben
gleich schnell
die Glocke
die Glocken
das Glück
es goss
wir graben
sie gräbt
das Gras
die Gräser

greifen
die Grenze
die Grenzen
sie griff
groß
größer
er grub
grün
der Grund
die Gründe
die Gruppe
die Gruppen
guck mal!
gut

das Haar
die Haare
haben
ihr habt Zeit
halb
sie half mir
der Hals
die Hälse
er hält fest
wir halten fest
die Hand
die Hände
handeln

hart
der Hase
die Hasen
du hast Geld
sie hat
er hatte
er hätte
das Haus
nach Hause
zu Hause
die Häuser

heben
das Heft
die Hefte
heil
heiß und kalt
heißen
er heißt
helfen
hell
das Hemd
die Hemden

her damit!
heraus
der Herbst
herein
der Herr
die Herren
herunter
das Herz
die Herzen
heute

sie hielt fest
hier
er hieß
es hilft nichts
der Himmel
die Himmel
hin
hinaus
hinein
hinten
hinter
er hob auf
hoch
der Hof
die Höfe
hoffen
hoffentlich
du holst
er holt
das Holz
die Hölzer
hören
du hörst
der Hort
die Horte
die Hose
die Hosen
der Hund
die Hunde
hundert
der Hunger

ich
der Igel
die Igel
gib ihm etwas!
lass ihn los!
mit ihnen zusammen
ihr
ihre

im Zimmer
immer
in dem Haus
innen drin
ab ins Bett!
sie irren sich
er isst es auf
es ist Zeit

ja
das Jahr
die Jahre
der Januar
jede
jeder
jemand
jetzt
der Juli
jung
der Junge
die Jungen
der Juni

der Kaffee
kalt
er kam
er kann
du kannst
er kannte
kaputt
der Käse
die Kasse
die Kassen
der Kasten
die Kästen
die Katze
die Katzen
kaufen
sie kauft
kein
kennen

das Kind
die Kinder
das Kino
die Kinos
klar
die Klasse
die Klassen
kleben
das Kleid
die Kleider
klein
klingen
es klingt
klug
das Knie
die Knie
knurren
er knurrt

kochen
der Koffer
die Koffer
kommen
du kommst
er kommt
der König
die Könige
die Königin
können
er konnte
das Korn
die Körner
der Kopf
die Köpfe

die Kosten
sie kosten
es kostet
der Krach
die Kräche
krank
kriegen
er kriegt
die Küche
die Küchen
der Kuchen
die Kuchen
die Kuh
die Kühe
kurz

lachen
sie lacht
der Laden
die Läden
er lag
die Lampe
das Land
die Länder
lang, lange
langsam
sie las ein Buch
lass das!
sie lassen los
er lässt los
laufen
du läufst
sie läuft
laut rufen

das Leben
wir leben
leer
legen
du legst
sie legt
der Lehrer
die Lehrer
die Lehrerin
die Lehrerinnen
leicht
Leid tun
sie leiden darunter
leise
lernen
lesen
letzter
die Leute

das Licht
die Lichter
lieb
lieben
lieber
das Lied
die Lieder
sie lief
liefern
sie liegen
du liegst
sie liegt
sie ließ los

sie liest ein Buch
die linke Hand
links
sie litt sehr
das Loch
die Löcher
der Löffel
die Löffel
lass los!
die Luft
die Lüfte
lustig

machen
er macht
das Mädchen
die Mädchen
ich mag es
der Mai
geh mal weg!
wir malen Bilder
sie malt ein Bild
die Mama
man sieht es
manch
manchmal
der Mann
die Männer
die Mark
der März
das Maß

die Maße
die Maus
die Mäuse
mehr wert
mein Ball
meine Mutter
meinen
melden
die Menge
die Mengen
der Mensch
die Menschen
merken
messen
das Messer
die Messer
das/der Meter
die Meter

mich
die Milch
mir
sie misst die Länge
mit
der Mittag
die Mittage
die Mitte finden
der Mittwoch
die Mittwoche
ich mochte
ich möchte
mögen
möglich
der Monat
die Monate
der Montag
die Montage

der Morgen
die Morgen
bis morgen
morgens
müde
die Mühe
die Mühen
der Müll
der Mund
die Münder
die Musik
sie muss
müssen
sie musste
der Mut
mutig
die Mutter
die Mütter

nach
der Nachmittag
die Nachmittage
der nächste Tag
die Nacht
die Nächte
der Nagel
die Nägel
nah
er nahm
der Name
die Namen
nämlich
er nannte
die Nase
die Nasen
nass
natürlich

neben
nehmen
nein
nennen
das Nest
die Nester
neu
neun
nicht
nichts
nie
niemand
er nimmt
noch
die Not
der November
nun
nur

ob
oben
obwohl
oder
lass offen !
oft
ohne
das Ohr
die Ohren
der Oktober
die Oma
die Omas
der Onkel
die Onkel
der Opa
die Opas
ordentlich
ordnen
die Ordnung
die Ordnungen
der Ort
die Orte

ein paar Sachen
wir packen
er packt
das Paket
die Pakete
der Papa
das Papier
die Papiere
die Pappe
die Pappen
sie passen
es passt
die Pause
die Pausen
der Pfennig
die Pfennige
das Pferd
die Pferde

wir pflanzen
der Plan
die Pläne
der Platz
das Plätzchen
die Plätze
plötzlich
der Popo
die Post
der Preis
die Preise
prüfen
sie prüft
der Punkt
die Puppe
die Puppen
putzen
er putzt

der Quark
der Quatsch
quer
quietschen

das Rad
die Räder
ich rannte
rasch
sie rasen
wir raten
der Raum
die Räume
rechnen
die rechte Hand
rechts
sie reden
er redet

der Regen
regnen
reich werden
die Reihe
die Reihen
die Reise
die Reisen
wir reisen
sie reißen kaputt
sie rennen
er rennt
retten

richtig
riechen
er rief
sie riet mir
der Ring
die Ringe
es riss
es roch
der Rock
die Röcke
sie rollen
der Roller

die Roller
es rollt
rot
der Rücken
die Rücken
rufen
er ruft
ruhig
rund
die Rutsche
die Rutschen
wir rutschen

die Sache
die Sachen
sie sagen
sie sagt
sie sah
der Samstag
die Samstage
der Sand
die Sande

sie sandte
sie sang schön
sie sank unter
sie saß
der Satz
die Sätze
sauber
sausen

scharf
schauen
scheinen
schenken
er schenkt
die Schere
die Scheren
schicken
er schickt
schief
es schien
das Schiff
die Schiffe
schlafen
er schläft
schlagen
sie schlägt
schlau

schlecht
er schlief fest
schließen
der Schlitten
die Schlitten
sie schloss ab
er schlug zu
der Schluss
der Schlüssel
die Schlüssel
schmecken
schmücken
er schmückt
schmutzig
der Schnee
wir schneiden
schnell
sie schnitt

die Schokolade
schon
schön
der Schrank
die Schränke
sie schreiben
sie schreibt
schreien
sie schrie
sie schrieb
die Schrift
die Schriften
der Schuh
die Schuhe
die Schule
die Schulen
der Schüler

die Schüler
die Schülerin
die Schülerinnen
die Schüssel
die Schüsseln
sie schützen
er schützte
schwach
ich schwamm
der Schwanz
die Schwänze
schwarz
schwer
die Schwester
die Schwestern
schwimmen
sie schwimmt

sechs
der/die See
die Seen
sehen
sehr
ihr seid
die Seife
die Seifen
das Seil
die Seile
in sein Ohr
in seine Nase
in seiner Tasche
seit gestern
die Seite
die Seiten
selber
selbst

selten
senden
der September
setzen
er setzte
sich
sicher
sie
sieben
sie siegen
du siehst
er sieht
wir sind
singen
er singt ein Lied
sinken
sie sinkt unter
wir sitzen oben

so
sofort
sogar
der Sohn
die Söhne
der Soldat
die Soldaten
wir sollen bleiben
der Sommer
die Sommer
sondern
der Sonnabend
die Sonnabende
die Sonne
die Sonnen
der Sonntag
die Sonntage
sonst

der Spaß
die Späße
spät
sperren
sie sperrt
das Spiel
die Spiele
spielen
du spielst
sie spielt
spitz
der Sport
sie sprach
sie sprang
sprechen
sie spricht
springen
sie springt

der Staat
die Staaten
die Stadt
die Städte
er stand
stark
stecken
stehen
er steht
steigen
der Stein
die Steine
die Stelle
die Stellen
wir stellen es hin
ich stieg
sei still !
sie stimmen zu

der Stoff
die Stoffe
stolz
stoßen
sie stößt weg
die Straße
die Straßen
der Streit
die Stube
das Stück
die Stücke
der Stuhl
die Stühle
die Stunde
die Stunden
suchen
die Suppe
süß

die Tafel
die Tafeln
der Tag
die Tage
die Tante
die Tanten
die Tasche
die Taschen
die Tasse
die Tassen
es tat weh
wir taten es
tausend
der Tee

das/der Teil
die Teile
teilen
das Telefon
die Telefone
der Teller
die Teller
teuer
der Text
die Texte
tief
das Tier
die Tiere
der Tisch
die Tische

die Tochter
die Töchter
toll
der Topf
die Töpfe
das Tor
die Tore
tot umfallen
sie traf
sie tragen
sie trägt
sie trank
er trat mich
der Traum
die Träume
traurig
wir treffen
treiben

trennen
treten
treu
sie trieb
sie trifft
trinken
trocken
trotzdem
sie trug
das Tuch
die Tücher
tun
die Tür
die Türen
wir turnen
sie tut das
die Tüte
die Tüten

üben
über
überall
überhaupt
übrig
die Übung
die Übungen

die Uhr
die Uhren
um
und
der Unfall
die Unfälle
uns
unser
unten
unter

der Vater
die Väter
er vergaß
vergessen
sie vergisst das Heft
verkaufen
der Verkehr
verletzen
verlieren
er verlor
sie verstand es
verstehen
viel Zeit
viele Leute

vielleicht
vier
der Vogel
die Vögel
das Volk
die Völker
voll
vom
von
vor
vorbei
vorher
vorn
vorsichtig

Wa

wach
wachen
wachsen
es wächst
der Wagen
die Wagen rollen
wahr, nicht gelogen
während
der Wald
die Wälder
die Wand
die Wände
wann und wo

es war einmal
es wäre schön
es waren einmal
er warf
warm
warnen
warten
warum
was
waschen
sie wäscht
das Wasser
die Wasser

geh **weg** !
der **Weg**
die **Wege**
wegen
wehtun
weich
weil
weinen
du **weinst**
er **weint**
ich **weiß**
weiß und schwarz
weit und breit

weiter
welche
die **Welt**
die **Welten**
wem gehört das?
wen sehe ich?
wenig
wenn ich komme
wer kommt?
wir **werden** rufen
werfen
das **Wetter**
die **Wetter**

wie
nie wieder
die Wiese
die Wiesen
wild
er will
du willst
der Wind
die Winde
der Winter
wir
es wird
er wirft
wirklich schön
du wirst krank
wir wissen
wo
die Woche
die Wochen
wohl
wohnen
die Wohnung
die Wohnungen
die Wolke
wollen
ich wollte
das Wort
die Wörter
sie wuchs schnell
die Wunde
wünschen
es wurde hell
die Wurst
die Würste
sie wusch
er wusste

die Zahl
die Zahlen
wir zahlen ein
sie zählen
der Zahn
die Zähne
der Zaun
die Zäune
zehn, elf, zwölf

zeichnen
zeigen
die Zeit
die Zeiten
die Zeitung
die Zeitungen
ziehen
das Zimmer
die Zimmer

sie zog
der Zoo
die Zoos
zu
zuerst
der Zug
die Züge
zuletzt
zum
zur

zurück
zusammen
zwanzig
zwar
zwei
der Zweig
die Zweige
zwischen
zwölf

Aufgaben: Wie man alle Wörter im Wörterbuch findet

Das kannst du schon: Wenn die ersten Buchstaben gleich sind, ordnen wir nach dem zweiten. Wenn aber auch die gleich sind? Dann ordnen wir eben nach dem dritten Buchstaben.

Beispiel:

a			
b			
c	Da	c	kel
d	da	d	urch
e			
f	da	f	ür
g	da	g	egen
h	da	h	eim

Und wenn die dritten Buchstaben gleich sind, ordnen wir die Wörter nach ihren vierten Buchstaben.

1. Schreibe eine ABC-Liste und ordne ein:
   Backe, Bagger, Bahn, baden, Barren, bald, Bast, Bayern, Banane, Bauer (Lösung → S.162)

2. Ordne diese Wörter in eine ABC-Liste:
   Latte, Laden, lachen, lahm, Lack, Lappen, Lager, lang, lassen, Lampe, lallen (→ S.162)

3. Ein Wort ist falsch eingeordnet. Welches?
   Kahn, Kamel, Kanne, Kasse, Kopf, Kupfer, krank
   Schreibe nur das falsch eingeordnete Wort. (→ S.162)

4. **quer, passen, Rübe, Rücken, rudern, rufen, ruhig, Rummel, rund, schwer, schwarz**
   Zwei Wörter sind falsch eingeordnet. Welche? Schreibe nur die beiden falsch eingeordneten Wörter. (→ S.162)

5. **Bank, Base, Barometer, Christ, Dame, Deich, Dieb, Dialekt, Fessel, Dynamo**
   Ordne diese Wörter nach dem ABC.
   Schreibe so: **Bank ...** (→ S.162)

6. Im zweiten Wörterverzeichnis wird die Einzahl (der Singular) der Wörter zuerst genannt. 'Häuser' findest du also unter 'Haus'. Das Wort 'Aufträge' steht unter 'Auftrag'.

Suche im Wörterverzeichnis und schreibe mit Seitenzahl:
Bänke, Symbole, Fabriken, Substantive, Eskimos, Quellen, Vorräte, Matratzen, Zwiebäcke, Termine

7. Suche im Wörterbuch und schreibe mit Seitenzahl:
Schlösser, Journalisten, Etuis, Architekten, Expeditionen, Schürzen, Lektionen, Dirigenten, Unterkünfte, Rosinen

8. Es gibt viele Wörter mit einer Vorsilbe. Zum Beispiel: **an**gucken, **weg**nehmen. Manche stehen im Wörterbuch. Aber für alle ist natürlich kein Platz. Du musst also solche Wörter ohne ihre Vorsilbe suchen. Beispiel: Suche nicht 'wegnehmen', sondern 'nehmen'. (Das Wörtchen 'weg' findest du natürlich auch, wenn du das brauchst.)

Suche und schreibe mit Seitenzahl:
aus**zählen**, weg**schmeißen**, ab**holen**, durch**nehmen**, aus**schimpfen**, ab**schießen**, runter**springen**, durch**schlüpfen**, ab**gucken**
Schreibe so: **auszählen – Seite ...**

9. Im Wörterbuch sind alle Hauptstichwörter **fett** gedruckt. Aber hinter vielen Hauptstichwörtern gibt es auch Nebenstichwörter. Viele Wörter, die du suchst, sind Nebenstichwörter. Sobald du beim Suchen eine ähnliche Wortform findest, musst du auch auf die Nebenstichwörter achten.

Ausländer, Druckerei, verdächtig, charakteristisch, Büschel, dutzendweise, schlängeln
Schreibe jedes Wort mit der Seitenzahl.
So: **Ausländer – ...**

10. **Verdeck, totenstill, Schwimmbad, fiebern, Behälter, zwecklos, Dummheit, Unterricht**
Schreibe jedes Wort mit der Seitenzahl.

11. Suche und schreibe mit Seitenzahl:
vorfahren, abbiegen, feststampfen, abrollen, ausklopfen, überziehen, anschnallen, ausblicken, losmarschieren, einklemmen
Schreibe so: **vorfahren – Seite ...**

12. Von diesen Seitenzahlen sind zwei falsch. Welche?
Plaketten – S.124; Flüsse – S.89; Satelliten – S.132; Operationen – S.122; Knirpse – S.107; Giraffen – S.95; Portionen – S.126; Ponys – S.125; Gläser – S.97
Schreibe alle Wörter mit der richtigen Seitenzahl. Mogle einen Fehler dazwischen. Frag deinen Partner, ob er ihn findet. (→ S.162)

13. Eine einzige Seitenzahl ist richtig. Welche?
abschnallen – S.138; aufschließen – S.136; unterpflügen – S.126; einbrechen – S.84; ausquetschen – S.131; auszahlen – S.161; abstellen – S.143; aufschütten – S.133
Schreibe so: **abschnallen – S. ...** (→ S.162)

14. Sehr viele Wörter sind aus zwei Wörtern zusammengesetzt. Zum Beispiel: **Kuh|stall**. Auch diese Wörter haben nicht alle in einem Wörterbuch Platz. Aber es gibt einen einfachen Trick: Man kann sie wieder auseinander nehmen und dann die Teile getrennt nachschlagen. Beispiel: 'Kuhstall' steht nicht im Wörterbuch. Aber 'Kuh' und 'Stall'.

Bierglas, Flussbrücke, Autobatterie, Baggersee, Brillenetui, Kloßbrühe
Suche und schreibe jedes Mal beide Seitenzahlen.
So: **Bierglas – Seiten ... und ...**

15. Das Wort 'Dosenöffner' ist aus 'Dose' und 'Öffner' zusammengewachsen. Und das Namenwort (Nomen, Substantiv) 'Öffner' stammt von dem Zeitwort (Verb) 'öffnen' ab. Auch solche Wörter wie 'Dosenöffner' kann man meist nur getrennt finden.

Ballonfahrer, Klammeraffe, Bohrmaschine, Büchsenöffner, Diamantenschleifer
Schreibe so: **Ballonfahrer – Seiten ... und ...**

16. In dieser Liste sind zwei Fehler. Findest du sie?
Stadionsprecher (143 und 142), abklemmen (106), Bienenkönigin (75 und 108), Brüllaffe (77 und 67), durchbohren (76), Rösser (131), Werkzeugmaschine (156 und 111) Schreibe alle Wörter mit den richtigen Seitenzahlen.

(→ S.162)

17. Wenn du das Wort 'schnitt' suchst, musst du bei der Grundform 'schneiden' nachsehen.
schnitt, brachte, schlief, aß, rief, gestohlen, fuhr, gesessen, gegessen
Suche im Wörterbuch und schreibe beide Wortformen.
So: **schneiden, schnitt – S. ...** (→ S.162)

18. Rechnen mit Wörtern
Tierarzt, Zirkusclown, Geschäftsbummel, Tigerdompteur, Sturmflut

Suche für jedes zusammengesetzte Wort beide Seitenzahlen. Rechne mit diesen Zahlen eine Minus-Aufgabe.
So: **Tierarzt, Tier Arzt**

148 — 69

Zirkusclown ... (→ S.162)

19. **ging, fraß, schrie, iss!, rissen, geschossen, wirf!, las, trug, gebissen, es gilt**
Suche die Grundformen im Wörterbuch und schreibe so: **gehen, ging – S. ...**

20. **Topfpflanze, sie nahm, abgeholt, Eintrittsgeld, sieh mal!, Fuchsjagd**
Schreibe jedes Wort und dahinter eine oder zwei Seitenzahlen. So: **Topfpflanze (und); nahm ( ) ...**

Nun kennst du alle Tricks beim Wörtersuchen. Dir fehlt nur die Übung. Hier steht die erste Übungsaufgabe. Es ist ein Text aus einem Tierbuch.

21. **Ein Meisenpaar bringt seinen Kindern im Nest durchschnittlich alle vier Minuten eine Raupe.**
Schreibe jedes unterstrichene Wort mit der Seitenzahl (oder den Seitenzahlen!).

Zweites Wörterbuch

Liebe Kinder,
sucht bitte nicht sofort drauflos. Lest erst diese Seite.

- Es gibt Hauptstichwörter. Sie sind **fett gedruckt.**
  Beispiel: der **Berg**

- Es gibt Nebenstichwörter. Sie stehen dahinter und sind nicht fett gedruckt, aber genauso groß.
  Beispiel: bergig, bergauf und bergab, das Bergwerk

- Zu vielen Wörtern gibt es interessante Erklärungen. Sie sind klein gedruckt.
  Beispiel zum Hauptstichwort **Seele:**

  Unsere germanischen Vorfahren glaubten, die Seelen der Ungeborenen und Toten wohnten im Wasser. Darum steckt das Wort 'See' in 'Seele'.

- Manche Wörter kann man auf zweierlei Weise schreiben. Dann stehen auch beide im Wörterbuch.
  Beispiel: **Panter/Panther**

- Schlag mal **Mond** nach.
  Dort steht → 'Monat' und → 'Montag'.
  Das bedeutet: Bei diesen Wörtern findest du noch etwas über 'Mond'.

- Das Sternchen * bedeutet: Dieses Wort wird nicht überall in Deutschland gebraucht, nur in bestimmten Gegenden. Manche der Wörter mit * verstehen viele Kinder und auch Erwachsene nicht. Darum steht immer eine Erklärung dahinter.
  Beispiel: **bannig*** (sehr)

- (18) – diese Zahl sagt dir, in welchem der 39 Kapitel hinten im Buch noch mehr über das Wort steht.

Alles andere versteht ihr auch ohne Erklärung.

A B C D E F G H I J K L M N O P Q R S T U V W X Y Z

A

der **Aal,** die Aale
ab und zu
abblenden, das Abblendlicht → blenden
der **Abend,** die Abende, am Abend, eines Abends, heute Abend, abends, das Abendessen (34), das Abendmahl
das **Abenteuer,** die Abenteuer, abenteuerlich
aber
der **Aberglaube,** abergläubisch
'Aber' hieß früher auch so viel wie 'verkehrt'.
abfahren, die Abfahrt
der **Abfall,** die Abfälle (30)
der **Abgeordnete** (bei Frauen: die Abgeordnete), die Abgeordneten
der **Abgrund,** die Abgründe
der **Abhang,** die Abhänge
abkürzen, sie kürzte ab, die Abkürzung
ablehnen, die Ablehnung
ablenken, die Ablenkung
abmachen, die Abmachung
abmelden, die Abmeldung
abonnieren, ich abonnierte, das Abonnement
der **Absatz,** die Absätze
der **Abschied,** verabschieden
abschließen, der Abschluss
abschneiden, der Abschnitt
abschreiben, die Abschrift
abseits, der Spieler war abseits, stand im Abseits
absenden, der Absender
die **Absicht,** die Absichten, absichtlich
abstammen, er stammte ab, die Abstammung
der **Abstand,** die Abstände
abstimmen, die Abstimmung
abstürzen, der Absturz
das **Abteil,** die Abteile, die Abteilung → Teil
abtrocknen
abwärts
der **Abwasch*** (Geschirrspülen)
abwechseln, abwechselnd, die Abwechslung
abwehren, die Abwehr
das **Abzeichen,** die Abzeichen
die **Achse,** die Achsen
die **Achsel,** die Achseln
acht, achtzehn, achtzig, achtmal, ein Achtel
achten, er achtete, nimm dich in Acht!, gib Acht!, Achtung, achtlos
achtern* (hinten)
der **Acker,** die Äcker,

ackern (26)
addieren, er addierte
der **Adel,** der Ad(e)lige
die **Ader,** die Adern
das **Adjektiv,** die Adjektive (37)
der **Adler,** die Adler
die **Adresse,** die Adressen, adressieren
der **Advent,** der Adventskalender, der Adventskranz
'Adventus' (lateinisch) hieß: Ankunft. Advent ist die Zeit vor der Ankunft des Christkindes: Vorweihnachtszeit.
der **Affe,** die Affen
Afrika, der Afrikaner, afrikanisch
ahnen, sie ahnte
ähnlich, die Ähnlichkeit
die **Ahnung,** ahnungslos
der **Ahorn,** die Ahorne
die **Ähre,** die Ähren
akkurat* (genau)
der **Akkusativ**
die **Akte,** die Akten, die Aktentasche
aktiv
der **Alarm,** alarmieren
albern, die Albernheit
das **Album,** die Alben
der **Alkohol**
alle, alles
allein
am **allerbesten**
allerdings
allerhand
Allerheiligen
allerlei
allgemein
allmählich
allweil* (immer)
allzu, allzu schlecht
die **Alpen**
das **Alphabet,** alphabetisch
als
also
alt, der Alte
der **Altar,** die Altäre
das **Alter,** das Altersheim
am (an dem Haus)
die **Ameise,** die Ameisen
Amerika, der Amerikaner, amerikanisch
die **Ampel,** die Ampeln
die **Amsel,** die Amseln
das **Amt,** die Ämter, amtlich
an, ans (an das Haus)
anbieten, das Angebot
die **Andacht,** die Andachten, andächtig
das **Andenken,** die Andenken
ändern, er änderte, die Änderung
andere, anders
anerkennen, sie erkannte an, die Anerkennung
der **Anfall,** die Anfälle, anfällig
anfangen, der Anfang, anfangs
anfordern, die Anforderung
anfragen, die Anfrage
angeben, der Angeber, die Angabe

der **Angehörige** (bei Frauen: die Angehörige), die Angehörigen
der **Angeklagte** (bei Frauen: die Angeklagte), die Angeklagten
die **Angel,** die Angeln, der Angler, angeln
die **Angelegenheit,** die Angelegenheiten
angenehm
der **Angestellte** (bei Frauen: die Angestellte), die Angestellten
sich **angewöhnen,** die Angewohnheit
die **Angina**
angreifen, der Angriff
die **Angst,** die Ängste, ängstlich, er hat Angst
der **Anhänger,** die Anhänger
der **Anker,** die Anker, ankern
ankommen, die Ankunft
die **Anlage,** die Anlagen
der **Anlauf,** die Anläufe
anlehnen
anmelden
annehmen, die Annahme
der **Anorak,** die Anoraks
anreden, die Anrede
anrufen, der Anruf
die **Anschauung,** die Anschauungen, anschaulich
anscheinend, es hat den Anschein → scheinbar
Er vermutet: Anscheinend ist sie fortgegangen.

anschließen, der Anschlu<u>ss</u>
die **Anschrift,** die Anschriften
ansehen, die Ansicht → sehen
der **Anspruch,** die Ansprüche (33)
anständig, der Anstand
anstatt
anstecken, die Ansteckung
anstellen, die Anstellung
sich **anstrengen,** er strengte sich an (21), die Anstrengung
der **Anteil,** die Anteile → Teil
die **Antenne,** die Antennen
der **Antrag,** die Anträge
antworten, sie antwortete (15), die Antwort
anweisen, sie wies an, die Anweisung
anwenden, die Anwendung
die **Anzahl**
anzahlen, die Anzahlung
anzeigen, die Anzeige
anziehen, der Anzug
anzünden
aper* (schneefrei werdend)
der **Apfel,** die Äpfel
die **Apfelsine,** die Apfelsinen
In Holland nannte man diese Frucht früher 'appelsina': Apfel aus China.
die **Apotheke,** die Apotheken, der Apotheker

der **Apparat,** die Apparate
der **Appetit,** appetitlich
der **April**
Die Römer sagten: Aprilis.
das **Aquarium,** die Aquarien
'Aqua' (lateinisch) hieß: Wasser.
arbeiten, er arbeitete (21) (34), die Arbeit (6), der Arbeiter, der Arbeitgeber, der Arbeitnehmer, arbeitslos, der Arbeitslose
der **Architekt,** die Architekten
ärgern, sie ärgerte, der Ärger, ärgerlich, arg
arm sein, ärmlich
der **Arm,** die Arme
Der Arm steckt im Ärmel.
die **Armee,** die Armeen
die **Art,** die Arten, die Art und Weise
artig
der **Artikel,** die Artikel (37)
der **Arzt,** die Ärzte, die Arznei → Rezept
die **Asche**
Asien, der Asiate, asiatisch
der **Assistent,** die Assistenten
der **Ast,** die Äste
der **Atem,** atmen, atemlos
der **Atlantik,** der Atlantische Ozean
der **Atlas,** die Atlanten oder: die Atlasse
atmen, sie atmete
das **Atom,** die Atome
das **Attest,** die Atteste

auch
auf
der **Aufenthalt,** die Aufenthalte
auffallen, auffällig
auffassen, die Auffassung
auffordern, die Aufforderung
die **Aufgabe,** die Aufgaben
aufgehen, der Aufgang
aufhören
auflegen, die Auflage
aufmerksam, die Aufmerksamkeit
aufnehmen, die Aufnahme (31)
aufpassen, sie passte auf
der **Aufnehmer*** (Scheuertuch) (31)
aufräumen, er räumte auf
aufrecht → recht
aufregen, die Aufregung
der **Aufsatz,** die Aufsätze (32)
der **Aufschnitt** → schneiden
die **Aufsicht**
aufsperren* (aufschließen)
aufstehen, der Aufstand
aufstellen, die Aufstellung
der **Auftrag,** die Aufträge
auftreten, der Auftritt → treten
der **Aufwand,** aufwändig
aufwärts
der **Aufwasch*** (Geschirrspülen)

auf Wiedersehen!
der **Aufzug,** die Aufzüge
das **Auge,** die Augen, das Augenlid, die Augenwimper
der **Augenblick,** die Augenblicke, augenblicklich
der **August**
Die Römer nannten diesen Monat nach ihrem Kaiser Augustus.
aus
ausbilden, die Ausbildung
die **Ausdauer**
ausdehnen, die Ausdehnung
ausdrücken, der Ausdruck, ausdrücklich
auseinander
der **Ausflug,** die Ausflüge
ausführlich
ausgeben, die Ausgabe
ausgehen, der Ausgang
ausgezeichnet, auszeichnen, die Auszeichnung
die **Auskunft,** die Auskünfte
das **Ausland,** der Ausländer, ausländisch
die **Ausnahme,** die Ausnahmen, ausnahmsweise (31)
der **Auspuff,** die Auspuffe
ausrechnen, die Ausrechnung
die **Ausrede,** die Ausreden
ausreichend
ausrufen, der Ausruf
außen
außer, außerdem, außerhalb
äußerlich
äußern, die Äußerung
außerordentlich
die **Aussicht,** die Aussichten
aussprechen, der Ausspruch, die Aussprache (33)
ausstellen, die Ausstellung
ausverschämt* (unverschämt)
auswählen, die Auswahl
auswandern, der Auswanderer, die Auswanderung
auswärts
der **Ausweg,** die Auswege
sich **ausweisen,** er wies sich aus, der Ausweis
auswendig
auszanken* (ausschimpfen)
auszeichnen, die Auszeichnung
das **Auto,** die Autos (8), die Autobahn, Auto fahren der Autofahrer (29)
'Auto' (griechisch) hieß: selbst. Das Auto bewegt sich selbst. Der Automat arbeitet selbst. Das Autogramm ist selbst geschrieben.
der **Automat,** die Automaten, automatisch → Auto
die **Axt,** die Äxte

A B C D E F G H I J K L M N O P Q R S T U V W X Y Z

B

die **Babuschen*** (Hausschuhe) (34)
das **Baby,** die Babys
der **Bach,** die Bäche
die **Backe,** die Backen
backen, er bäckt (auch: er backt), sie backte (auch: sie buk), der Bäcker, die Bäckerei, das Gebäck
Ein Backstein ist ein Stück Ton oder Lehm, das im Ofen zu Stein gebacken wird.
das **Bad,** die Bäder, die Badewanne
baden, sie badete
Baden-Württemberg, der Baden-Württemberger, baden-württembergisch
der **Bagger,** die Bagger
die **Bahn,** die Bahnen, der Bahnhof, der Bahnsteig, einen Weg bahnen, Bahn brechen, bahnbrechend
die **Bahre,** die Bahren
bald
die **Balge*** (Waschgefäß)
der **Balken,** die Balken
der **Balkon,** die Balkone oder: die Balkons
der **Ball,** die Bälle, wir spielen Ball
der **Ballon,** die Ballone oder: die Ballons
die **Banane,** die Bananen
das **Band,** die Bänder (27)
die **Bande,** die Banden (27)
das **Bändel,** die Bändel
bange, ich bin bange; nur keine Bange!
die **Bank** (im Garten), die Bänke
die **Bank** (Sparkasse), die Banken
bannig* (sehr)
die **Banse*** (Lagerraum)
bar
Anderes Wort für 'nackt' und 'bloß'; 'barfuß' heißt: mit bloßen Füßen. 'Ich zahle bar' heißt: Ich zahle sofort auf die bare Hand.
der **Bär,** die Bären
die **Baracke,** die Baracken
barmherzig, die Barmherzigkeit
das **Barometer,** die Barometer
der **Bart,** die Bärte, bärtig
die **Base,** die Basen
der **Bass,** die Bässe
der **Bast**
basteln, ich bastle, sie bastelte
die **Batterie,** die Batterien
der **Bau,** die Baue (von Tieren) oder: die Bauten (für Gebäude), das Gebäude (26) → Bauer
der **Bauch,** die Bäuche, die Bauchschmerzen, das Bauchgrimmen
bauen, sie baute → Bauer
der **Bauer,** die Bauern (26)
Bauer und Bäuerin bebauen ihre Felder.

A B C D E F G H I J K L M N O P Q R S T U V W X Y Z

das/der **Bauer** (Vogelbauer), die Bauer (26)
der **Baum,** die Bäume (10)
Bayern, der Bayer, bayerisch
beachten, er beachtete
der **Beamte** (bei Frauen: die Beamtin), die Beamten
beantragen, sie beantragte
das **Becken,** die Becken
sich **bedanken,** sie bedankte sich
der **Bedarf**
bedauern, sie bedauerte, bedauerlich
bedenken, die Bedenken
bedeuten, es bedeutete, die Bedeutung, bedeutend
bedienen, die Bedienung
die **Bedingung,** die Bedingungen
sich **beeilen**
beerdigen, sie beerdigte
die **Beere,** die Beeren
das **Beet,** die Beete
befehlen, sie befiehlt, sie befahl, befohlen, der Befehl
befestigen, sie befestigte
Eine Befestigung ist gegen Feinde fest gemacht.
befinden, er befand sich, befunden
befreien, er befreite, die Befreiung
befriedigen, er befriedigte, befriedigend, die Befriedigung
befruchten, er befruchtete, die Befruchtung
begabt, die Begabung
Wem es von Natur gegeben ist, gut malen zu können, der ist mit dieser Gabe begabt.
begegnen, er begegnete, die Begegnung
begeistern, er begeisterte, begeistert, die Begeisterung
beginnen, sie begann, begonnen, der Beginn
begleiten, sie begleitete ihn, die Begleitung
begöschen* (beruhigen)
begreifen, er begriff es, der Begriff
begründen, sie begründete, die Begründung → Grund
begrüßen, die Begrüßung
behalten, der Behälter
behandeln, sie behandelte, die Behandlung
Der Zahnarzt behandelt uns mit seinen Händen.
behaupten, er behauptete, die Behauptung
die **Behörde,** die Behörden
bei, beim (bei dem Haus)
beichten, er beichtete, die Beichte
beide
der **Beifall** (30)

die **Beige*** (Stapel), Holz beigen

das **Beil,** die Beile

das **Bein,** die Beine

Früher bedeutete 'Bein': Knochen. Diese Bedeutung ist noch bei Knochennamen erhalten: Schienbein, Nasenbein, Stirnbein, Steißbein. Eine alte Redensart: 'Es geht mir durch Mark und Bein.' Die Knochenreste von Toten nennt man 'Gebeine'.

beinahe

das **Beispiel,** die Beispiele, zum Beispiel, kurz: z. B.

beißen, er beißt, er biss, gebissen, der Biss, das Gebiss, der Bissen, bissig

bekannt, der Bekannte (bei Frauen: die Bekannte), bekanntlich, die Bekanntschaft

bekommen, er bekam

belästigen, sie belästigte

beleidigen, er beleidigte, die Beleidigung

Belgien, der Belgier, belgisch

bellen, er bellte

belohnen, sie belohnte, die Belohnung

bemerken, die Bemerkung, er macht sich bemerkbar

bemühen, er bemühte sich, die Bemühung

benaut* (bedrückt schüchtern)

sich **benehmen,** sie benimmt sich, sie benahm sich, sie hat sich benommen, benimm dich! (31), schlechtes Benehmen

benutzen, die Benutzung, der Benutzer

das **Benzin**

beobachten, er beobachtete (14), die Beobachtung

bequem, die Bequemlichkeit

beraten, die Beratung

berechtigen, er berechtigte, die Berechtigung

bereit

bereiten, sie bereitete

bereits

der **Berg,** die Berge, bergig, bergauf und bergab, das Bergwerk → Burg

bergen, er birgt, er barg, geborgen → Burg

berichten, sie berichtete (15), der Bericht, die Berichtigung

Berlin, der Berliner, berlinerisch

berücksichtigen, er berücksichtigte

der **Beruf,** die Berufe, beruflich, berufstätig

beruhigen, er beruhigte sich, die Beruhigung

berühmt

berühren, er berührte, die Berührung

Be

beschädigen, er beschädigte, die Beschädigung
beschäftigen, er beschäftigte (21), die Beschäftigung
der **Bescheid,** die Bescheide, ich weiß Bescheid
die **Bescheidenheit,** bescheiden sein
bescheinigen, er bescheinigte, die Bescheinigung
bescheren, er bescherte (20), die Bescherung
beschließen, er beschloss, beschlossen
der **Beschluss,** die Beschlüsse
beschränken, er beschränkte, die Beschränkung, beschränkt
beschreiben, die Beschreibung
beschützen, der Schutz
beschweren (schwer machen)
sich **beschweren,** er beschwerte sich, die Beschwerde
beseitigen, sie beseitigte, die Beseitigung
der **Besen,** die Besen
besetzen, sie besetzte, die Besetzung, die Besatzung (32)
besichtigen, sie besichtigte (14), die Besichtigung
besitzen, er besitzt, er besaß, besessen, der Besitz (32)
Wer zum Beispiel auf einer Burg sitzt, ist ihr Besitzer.
besonders
besorgen, sie besorgte
besprechen, die Besprechung (33)
besser
bestätigen, er bestätigte
die **beste** Antwort, am besten; das Beste, was es gibt
das **Besteck,** die Bestecke
bestehen, sie besteht, sie bestand, der Bestand
bestellen, sie bestellte, die Bestellung
die **Bestie,** die Bestien
bestimmen, er bestimmte, ganz bestimmt
besuchen, der Besuch, der Besucher
beteiligen, sie beteiligte, die Beteiligung
beten, sie betete, das Gebet
betrachten, sie betrachtete (14), die Betrachtung
der **Betrag,** die Beträge
betragen, der Preis beträgt 10 DM; betrug 10 DM
sich **betragen,** er beträgt sich gut, er betrug sich, sein Betragen
der **Betrieb,** die Betriebe
betrügen, sie betrügt, sie

betrog, der Betrug, der Betrüger
das **Bett,** die Betten
betteln, sie bettelte, der Bettler
beugen, er beugte
die **Beule,** die Beulen (34)
die **Beute,** erbeuten
der **Beutel,** die Beutel
die **Bevölkerung,** das Volk, bevölkert
bevor
bewegen, sie bewegte, die Bewegung, beweglich
beweisen, er beweist, er bewies, der Beweis
sich **bewerben,** er bewirbt sich, er bewarb sich, beworben, die Bewerbung
beziehen, die Beziehung, beziehungsweise, kurz: bzw.
der **Bezirk,** die Bezirke
der **Bezug,** die Bezüge
die **Bibel,** die Bibeln
die **Bibliothek,** die Bibliotheken
der **Bibliothekar,** die Bibliothekare
die **Bickbeere*** (Heidelbeere) (34)
biegen, sie biegt, sie bog, die Biegung
die **Biene,** die Bienen
das **Bier,** die Biere
bieten, sie bot
das **Bild,** die Bilder
bilden, sie bildete, die Bildung
billig
ich **bin** (Grundform: sein)
binden, er band, gebunden, die Binde, das Band (27)
binnen* (innen)
die **Biografie/Biographie** (39)
die **Biologie**
die **Birke,** die Birken
die **Birne,** die Birnen
bis, aber: er biss
der **Bischof,** die Bischöfe
Im alten Griechenland bedeutete ein ähnliches Wort: Aufseher einer Kirchengemeinde.
bisher
ein **bisschen**
du **bist** (Grundform: sein)
bitten, sie bittet, sie bat, gebeten, die Bitte
bitter
die **Blamage**
blank
die **Blase,** die Blasen
blasen, er bläst, er blies
blass, blasse Gesichter, die Blässe
das **Blatt,** die Blätter
blättern, er blätterte
Wer in einem Buch die Blätter (Seiten) umschlägt, blättert.
blau
die **Blaubeere*** (Heidelbeere) (34)
das **Blaukraut*** (Rotkohl) (34)

das **Blech,** die Bleche
der **Blechner*** (Klempner) (34)
das **Blei**
bleiben, er bleibt, er blieb
bleich
der **Bleistift,** die Bleistifte
Früher schrieb man mit Stiften aus Blei. Als man besseres Material fand, blieb der Name.
blenden, es blendete
blicken, sie blickte, der Blick
blind, der Blinde
der **Blinddarm,** die Blinddarmentzündung
blinken, er blinkte, der Blinker
blinzeln, er blinzelte (14)
blitzen, es blitzt, es blitzte, der Blitz, blitzschnell (22)
der **Block,** die Blöcke oder: die Blocks
blöd, blöde, der Blödsinn
blond
bloß
blühen, es blühte, aber: die Blüte
die **Blume,** die Blumen
die **Bluse,** die Blusen
das **Blut,** blutig
die **Blüte,** die Blüten, aber: es blühte
bluten, es blutete
der **Bock,** die Böcke, bockig
der **Boden,** die Böden (34)
der **Bogen,** die Bögen oder: die Bogen
die **Bohne,** die Bohnen
bohnern, er bohnerte
bohren, sie bohrte, der Bohrer
die **Bombe,** die Bomben
das/der **Bonbon,** die Bonbons (34)
'Bon' (französisch) heißt: gut.
das **Boot,** die Boote
das **Bord,** die Borde, der Bordstein, an Bord des Schiffes
borgen, er borgte
böse, böswillig, boshaft
der **Bote,** die Boten
boxen, er boxte, der Boxer
der **Brand,** die Brände
Brandenburg, der Brandenburger, brandenburgisch
braten, er brät, er briet, der Braten
brauchen, er brauchte, der Gebrauch, der alte Brauch
braun, bräunen
die **Brause,** die Brausen
brausen, es brauste
die **Braut,** die Bräute, der Bräutigam
brav
bravo
brechen, sie bricht, sie brach, gebrochen, der Bruch (28)
der **Brei,** breiig

breit, die Breite
Bremen, der Bremer, bremisch
bremsen, er bremste, die Bremse
brennen, es brennt, es brannte, aber: der Brand
die **Brennnessel,** die Brennnesseln
das **Brett,** die Bretter
die **Brezel,** die Brezeln
der **Brief,** die Briefe, die Briefmarke
das **Brikett,** die Briketts
die **Brille,** die Brillen
bringen, sie brachte
die **Brise,** die Brisen
der **Brocken,** die Brocken, bröckeln (28), bröck(e)lig
die **Brombeere,** die Brombeeren
die **Bronze**
das **Brot,** die Brote, das Brötchen
die **Brotzeit*** (Zwischenmahlzeit)
der **Bruch,** die Brüche, brüchig (28)
die **Brücke,** die Brücken
der **Bruder,** die Brüder, brüderlich
die **Brühe,** verbrühen
brüllen, sie brüllte, das Gebrüll
brummen, er brummte, der Brummer
der **Brunnen,** die Brunnen
die **Brust,** die Brüste
Eine brusthohe Schutzwand heißt Brüstung. Wer angeberisch die Brust vorstreckt, brüstet sich.
brutal, die Brutalität
brüten, sie brütete
der **Bub(e),** die Buben
das **Buch,** die Bücher
Vor mehr als tausend Jahren schrieben unsere Vorfahren auf Tafeln aus Buchenholz. Man nannte ein Buch und die Buchstaben nach dem Baum Buche.
die **Buche,** die Buchen
→ Buch
die **Büchse,** die Büchsen
der **Buchstabe,** die Buchstaben, buchstabieren
→ Buch
die **Bucht,** die Buchten
der **Buckel,** die Buckel, bucklig
sich **bücken,** sie bückte sich
die **Bude,** die Buden
bügeln, sie bügelte, das Bügeleisen
die **Bühne,** die Bühnen (34)
Bulgarien, der Bulgare, bulgarisch
bummeln, er bummelte (13), einen Bummel machen
der **Bund,** die Bünde
das **Bund,** die Bunde, der/das Schlüsselbund (27)
das **Bündel,** die Bündel (27)

die **Bundesbahn**
die **Bundesregierung,** die Bundesregierungen
die **Bundesrepublik** (27)
die **Bundeswehr**
das **Bündnis,** die Bündnisse (27)
bunt, der Buntstift
die **Burg,** die Burgen
Das Wort bedeutet ursprünglich: befestigter, gegen Feinde gesicherter Berg, auf dem man sich bergen kann.
der **Bürger,** die Bürger, der Bürgermeister
das **Büro,** die Büros
der **Bursche,** die Burschen
bürsten, sie bürstete, die Bürste
der **Bus,** die Busse, Autobus → Auto → Omnibus
der **Busch,** die Büsche, das Büschel → Gebüsch
der **Busen,** die Busen
büßen, sie büßte, die Buße, der Büßer
das **Busserl*** (Küsschen)
buten* (außen)
die **Butte*** (Tragekübel)
die **Butter,** die Buttermilch, das Butterbrot

C

das **Café,** die Cafés
der **Campingplatz,** die Campingplätze
die **Cassette** (englisch), siehe: Kassette
der **CD-Spieler,** die CD-Spieler
Celsius, kurz: C
Wir teilen das Thermometer in Grade ein, wie es der Schwede Celsius vorschlug: 17 Grad Celsius (17 °C).
der **Cent,** die Cents
der **Champignon,** die Champignons
die **Chance,** die Chancen
der **Charakter,** die Charaktere, charakteristisch
der **Charterflug**
der **Chef,** die Chefs
die **Chemie**
China, der Chinese, chinesisch
der **Chor,** die Chöre
der **Christ,** die Christen, Christus, christlich
die **City,** die Citys
der **Clown,** die Clowns
der **Club** (auch: der Klub), die Clubs
der **Comic,** die Comics
der **Computer,** die Computer
der **Container,** die Container
der **Cousin,** die Cousins
der **Cowboy,** die Cowboys
die **Creme** (auch: die Krem), die Cremes

D

da
dabei
das **Dach,** die Dächer
der **Dachs,** die Dachse
der **Dackel,** die Dackel
dadurch
dafür
dagegen
daheim
daher
dahin
dahinter
damals
die **Dame,** die Damen
'Madame' (französisch) hieß ursprünglich: meine Dame, jetzt: (gnädige) Frau.
damit
dämlich
der **Damm,** die Dämme, eindämmen
die **Dämmerung,** dämmern, dämm(e)rig
der **Dampf,** die Dämpfe
dampfen, er dampfte
danach
daneben
Dänemark, der Däne, dänisch
danken, er dankte, der Dank, die Dankbarkeit, dankbar, danke schön
dann
daran
darauf
daraus
darin
der **Darm,** die Därme
darüber
darum
darunter
das, aber: → da<u>ss</u>
dass, ich weiß, dass ... ; aber: da<u>s</u> Haus
dasselbe
der **Dativ**
der **Datschi*** (Kuchen)
das **Datum,** die Daten
dauern, es dauerte,
dauernd, die Dauer
der **Daumen,** die Daumen
davon
davor
dazu
dazwischen
die **DDR** (<u>D</u>eutsche <u>D</u>emokratische <u>R</u>epublik)
die **Decke,** die Decken, der Deckel, die Deckung, das Verdeck, aufdecken, bedecken, entdecken, verdecken
Eine <u>Deck</u>e be<u>deckt</u> oder ver<u>deckt</u> etwas. Wenn wir sie auf<u>decken</u>, ent<u>decken</u> wir, was darunter ist.
decken, er deckte → Decke
die **Deern*** (Mädchen) (34)
defekt, der Defekt
dehnen, sie dehnte, die Dehnung, gedehnt, aber: → d<u>en</u>en
der **Deich,** die Deiche

A B C D E F G H I J K L M N O P Q R S T U V W X Y Z

die **Deichsel,** die Deichseln
dein
dem, in dem Wagen
demnach
demnächst
die **Demokratie,** die Demokratien, der Demokrat, demokratisch
In vielen Ländern herrschen Menschen mit Gewalt über andere. Es gibt aber auch Länder, in denen die Menschen ihre Regierung selber wählen und sie dann kontrollieren. Vor über 2000 Jahren nannten das die Griechen 'Demokratie' (Volksherrschaft): 'demos' hieß 'Volk', 'kratos' hieß 'Macht'.
demonstrieren, sie demonstrierte, die Demonstration, der Demonstrant
'Demonstrare' (lateinisch) hieß: deutlich machen. Wer demonstriert, macht seine Meinung deutlich.
die **Demut,** demütig
den, er hat den Ball; aber: → denn
denen werden wir es zeigen!; aber: → dehnen
denken, sie dachte, das Denken, denkbar
das **Denkmal,** die Denkmäler
Ein Mal, das uns helfen soll, an etwas Bestimmtes zu denken.
denn, wann denn?; aber: → den
dennoch
der **Depp*** (Dummkopf)
der
derartig
derb
deren
derjenige
derselbe
des
deshalb
dessen
desto, desto besser
deswegen
der **Detektiv,** die Detektive → Decke
Mit 'detect' (englisch) meint man: aufdecken. Der Detektiv deckt Verbrechen auf.
deutlich, deuten, die Deutlichkeit
deutsch, er spricht deutsch
Deutschland, ein Deutscher
der **Dezember**
Bei den Römern war dies der zehnte Monat, und zehn hieß 'decem'.
der/ das **Dezimeter,** drei Dezimeter (3 dm)
'Dezi...' heißt: Zehntel. Ein Dezimeter ist ein Zehntel Meter, also 10 Zentimeter.
das **Dia,** die Dias
der **Dialekt,** die Dialekte
der **Diamant,** die Diamanten
dich
dicht
dichten (mit Sprache dichten), sie dichtete, der Dichter, das Gedicht
dichten (ein Rohr dicht

machen), er dichtete, die Dichtung
dick, der Dicke
das **Dickicht,** die Dickichte
die
der **Dieb,** die Diebe, der Diebstahl
die **Diele,** die Dielen
dienen, er diente, der Diener, der Dienst
der **Dienstag,** die Dienstage, dienstags, am Dienstag
Unsere Vorfahren, die Germanen, nannten diesen Tag nach einem ihrer Götter: Ziu.
dies, diese, dieser
der **Diesel,** der Dieselmotor
dieselbe
diesig
diesmal
diktieren, sie diktierte, das Diktat
das **Ding,** die Dinge
dir
direkt
der **Direktor,** die Direktoren, die Direktion
der **Dirigent,** die Dirigenten, dirigieren
die **Dirn*** (Mädchen) (34)
das **Dirndl*** (Trachtenkleid)
die **Diskette,** die Disketten
die **Diskothek,** kurz: Disko
diskutieren, sie diskutierte, die Diskussion
die **Distel,** die Disteln
dividieren, sie dividierte
doch

der **Docht,** die Dochte
der **Doktor,** die Doktoren
der **Dolch,** die Dolche
der **Dom,** die Dome
der **Dompteur**
donnern, es donnerte, der Donner
der **Donnerstag,** die Donnerstage, donnerstags, am Donnerstag
Die Germanen nannten vor mehr als tausend Jahren diesen Tag nach ihrem Donnergott Donar.
doof
doppelt, verdoppeln, doppelt so viel, das Doppelte, der Doppelpunkt
das **Dorf,** die Dörfer, dörflich
der **Dorn,** die Dornen, dornig
dörren, sie dörrte, gedörrt
dort, dorthin
die **Dose,** die Dosen
dösen, sie döste
der/ das **Dotter,** die Dotter
der **Drache** (im Märchen), die Drachen
der **Drachen,** die Drachen
der **Draht,** die Drähte, drahtig
drall* (derb, stramm)
dran
drängeln, sie drängelte, die Drängelei
drängen, er drängte, der Drang, das Gedränge
draußen
der **Dreck,** dreckig
drehen, er drehte, die Drehung

A B C D E F G H I J K L M N O P Q R S T U V W X Y Z

drei, dreizehn, dreißig, dreimal, drei Viertel aller Kinder, eine Dreiviertelstunde, das Dreieck, dreieckig, dritte
Seit Urzeiten ist die Zahl Drei etwas Besonderes. Sie kommt in vielen Sagen und Märchen vor. Das Sprichwort 'Aller guten Dinge sind drei' ist wahrscheinlich ein paar tausend Jahre alt.
dreschen, er drischt, er drosch
driften* (treiben)
drin
dringen, sie drang darauf, gedrungen
dringend
der **dritte** Teil, ein Drittel, drittens → drei
die **Drogerie,** die Drogerien, der Drogist
drohen, er drohte, die Drohung, drohend
dröhnen, es dröhnte, dröhnend
drollig
der/ das **Drops,** die Dropse
die **Drossel,** die Drosseln
drüben
drucken, er druckte, der Druck, die Druckerei
drücken, sie drückte, der Drückeberger
die **Drüse,** die Drüsen
der **Dschungel,** die Dschungel
du
der **Dübel,** die Dübel
sich **ducken,** sie duckte sich
duff* (matt)
duften, es duftete, der Duft, duftig
dulden, er duldete
die **Dult*** (Jahrmarkt)
dumm, die Dummheit, der Dummkopf
dumpf
die **Düne,** die Dünen
dunkel, verdunkeln, die Dunkelheit
dünn
der **Dunst,** die Dünste, dunstig
durch, durchaus
durcheinander, das Durcheinander
der **Durchschnitt,** durchschnittlich
durchsichtig
dürfen, er darf, er durfte
dürftig
dürr, die Dürre
der **Durst,** dursten, durstig
duschen, er duschte, die Dusche
die **Düse,** die Düsen
der **Dusel*** (unverdientes Glück)
der **Dussel*** (Dummkopf)
der **Dust*** (Dunst, Staub)
es ist **duster**
düster
das **Dutzend,** die Dutzende, dutzendweise
der **Dynamo,** die Dynamos

A B C D E F G H I J K L M N O P Q R S T U V W X Y Z

E

die **Ebbe**
eben, die Ebene, ebnen
ebenfalls (30)
ebenso gut
das **Echo,** die Echos
echt, die Echtheit
die **Ecke,** die Ecken, eckig
edel, der Edelstein
der **Efeu**
egal
die **Egge,** die Eggen, eggen
der **Egoist,** die Egoisten, der Egoismus
'Ego' (lateinisch) hieß: ich.
ehe ich es sah; eher
die **Ehe,** die Ehen
die **Ehre,** die Ehren, ehren, ehrlich
der **Ehrgeiz,** ehrgeizig
das **Ei,** die Eier
die **Eiche,** die Eichen, die Eichel
das **Eichhörnchen,** die Eichhörnchen
der **Eid,** die Eide
die **Eidechse,** die Eidechsen
der **Eifer,** eifrig, eifersüchtig
eigen, die Eigenschaft, das Eigentum
eigentlich
eilen, er eilte, die Eile, eilig
der **Eimer,** die Eimer
ein, eine, einer
einander

die **Einbahnstraße,** die Einbahnstraßen
einbilden, eingebildet, die Einbildung
einbrechen, der Einbrecher (28)
der **Eindruck,** die Eindrücke
einfach, die Einfachheit
einfallen, der Einfall
der **Einfluss,** die Einflüsse
der **Eingang,** die Eingänge
einige, einigermaßen
einigen, sie einigten sich, die Einigung, einig
einkaufen, der Einkauf
das **Einkommen,** die Einkommen
einladen, die Einladung
einmal, einmalig
das **Einmaleins**
eins
einsam, die Einsamkeit
einsehen, die Einsicht
einst
einstimmig
die **Eintracht,** einträchtig
eintreten, der Eintritt
einverstanden, das Einverständnis
der **Einwohner,** die Einwohner
die **Einzahl**
einzeln, die Einzelheit
einzig
das **Eis,** eiskalt, eisig
das **Eisen,** die Eisen, eisern, die Eisenbahn

A B C D E F G H I J K L M N O P Q R S T U V W X Y Z

eitel, die Eitelkeit
der **Eiter,** eitern, eitrig
der **Ekel,** sich ekeln, eklig, ekelhaft
der **Elefant,** die Elefanten
elegant
elektrisch, die Elektrizität, der Elektriker
das **Elend,** elend sein
In fremdem Land zu leben macht die Menschen oft unglücklich. Das alte Wort 'ellende' hieß beides: 'fremd' und 'unglücklich'.
elf
der **Ellbogen,** die Ellbogen
Einer der beiden Unterarmknochen heißt Elle.
die **Eller*** (Erle)
die **Elster,** die Elstern
die **Eltern** (früher: Ältern)
empfangen, er empfängt, er empfing, der Empfang, der Empfänger
empfehlen, sie empfiehlt, sie empfahl, empfohlen, die Empfehlung
empfinden, er empfand, empfunden, die Empfindung, empfindlich
empor, die Empore
empören, sie empörte sich, empört
emsig
das **Ende,** die Enden, endgültig, endlos
endlich
die **Energie,** die Energien, energisch

eng, die Enge
der **Engel,** die Engel
Im alten Griechenland bedeutete ein ähnliches Wort: Bote Gottes.
England, der Engländer, englisch
der **Enkel** (bei Mädchen: die Enkelin), die Enkel
entbehren, sie entbehrte, die Entbehrung
entbinden, die Entbindung (27)
entdecken, er entdeckte (14) → Decke → Detektiv
die **Ente,** die Enten
entfernen, sie entfernte, die Entfernung, entfernt
entführen, die Entführung
entgegen
entgegnen, sie entgegnete
entgleisen, er entgleiste
enthalten, die Enthaltung
entkommen, sie entkam
entlang
entlassen, die Entlassung
entscheiden, sie entschied, die Entscheidung
entschließen, der Entschluss
entschuldigen, er entschuldigte, die Entschuldigung
entsetzen, sie entsetzte

sich, entsetzlich, das Entsetzen (32)
entstehen, die Entstehung
enttäuschen, die Enttäuschung, enttäuscht
entweder
entwerfen, der Entwurf
entwickeln, sie entwickelte, die Entwicklung
entzückend
entzünden, die Entzündung
entzwei
er
erben, sie erbte, vererben, der Erbe
die **Erbse,** die Erbsen
der **Erdapfel*** (Kartoffel)
die **Erdbirne*** (Kartoffel)
die **Erde,** das Erdbeben, die Erdbeere, das Erdgeschoss
sich **ereignen,** es ereignete sich, das Ereignis
der **Eren*,** der **Ern*** (Hausflur)
erfahren, er erfährt, er erfuhr, die Erfahrung (29)
erfinden, die Erfindung
der **Erfolg,** die Erfolge, erfolglos, erfolgreich
erfreulich
erfüllen, die Erfüllung
ergänzen, er ergänzte, die Ergänzung
ergeben, das Ergebnis
erhalten, die Erhaltung
erholen, die Erholung
erinnern, sie erinnerte, die Erinnerung
sich **erkälten,** er erkältete sich, die Erkältung
erklären, sie erklärte, die Erklärung → klar
erlauben, er erlaubte, die Erlaubnis
erläutern, sie erläuterte
'lauter' hieß früher etwa: klar.
die **Erle,** die Erlen
erleben, das Erlebnis
erledigen, sie erledigte
ermahnen, die Ermahnung
ernähren, sie ernährte, die Ernährung (2)
ernst, es ist mir Ernst
ernten, er erntete, die Ernte
erobern, sie eroberte, die Eroberung
eröffnen, die Eröffnung
erpressen, der Erpresser
erraten
erreichen
erscheinen, die Erscheinung
erschöpft
erschrecken, er erschrickt, ich erschrak, ich bin erschrocken, denn sie hat mich erschreckt; der Schreck
erschüttern, er erschütterte, erschüttert

A B C D E F G H I J K L M N O P Q R S T U V W X Y Z

ersetzen (32), der Ersatz
erst, sie geht als Erste, das erste Beste, die erste Hilfe, das erste Mal, erstens
ersticken, sie erstickte
erstklassig
ertrinken, er ertrank, ertrunken
erwachsen, der Erwachsene
erwähnen, er erwähnte (15), die Erwähnung
erwarten, die Erwartung
erwerben, sie erwarb, erworben
erwidern, er erwiderte, die Erwiderung → wider
das **Erz,** die Erze
erzählen, er erzählte (15)
erziehen, die Erziehung, der Erzieher → ziehen
es
die **Esche,** die Eschen
der **Esel,** die Esel
der **Eskimo,** die Eskimos
essen, er isst, er aß, gegessen, iss! (2) (17), essbar
der **Essig**
die **Etage,** die Etagen
das **Etui,** die Etuis
etwa
etwas
euch, euer
die **Eule,** die Eulen
der **Euro,** die Euros, 3 €
Europa, die Europäer, europäisch
evangelisch
das **Evangelium,** die Evangelien
Im alten Griechenland bedeutete ein ähnliches Wort: freudige Botschaft.
ewig, die Ewigkeit
das **Exemplar,** die Exemplare
existieren, es existierte, die Existenz
die **Expedition,** die Expeditionen
das **Experiment,** die Experimente, experimentieren
explodieren, es explodierte, die Explosion
extra

F

die **Fabel,** die Fabeln
die **Fabrik,** die Fabriken, der Fabrikant
das **Fach,** die Fächer, der Fachmann (→ Mann), das Fachwerk (→ Werk)
die **Fackel,** die Fackeln
fad, fade
der **Faden,** die Fäden, einfädeln
fähig, die Fähigkeit
fahnden, sie fahndete, die Fahndung
die **Fahne,** die Fahnen
fahren, sie fährt, sie fuhr, die Fahrt, der Fahrer, die Fahrkarte, die Fähre, das Fahrzeug (29)
das **Fahrrad,** die Fahrräder (7)
fair, unfair
fallen, du fällst, sie fiel, auf jeden Fall (30)
fällen, er fällte (30)
fällig (30)
falsch, fälschen, der Fälscher, die Fälschung
die **Falte,** die Falten, falten
der **Falter,** die Falter
die **Familie,** die Familien (3)
fangen, sie fängt, sie fing (34), der Fang, der Fänger, der Gefangene
die **Fantasie/Phantasie** (39)
die **Farbe,** die Farben, färben
der **Farn,** die Farne
der **Fasching*** (Fastnacht)
faseln, er faselte
die **Faser,** die Fasern
die **Fasnet*** (Fastnacht)
das **Fass,** die Fässer
fassen, sie fasste
Das Fass ist ein Gefäß.
fast (beinahe)
fasten, er fastete
die **Fastnacht**
fauchen/pfauchen, sie fauchte/pfauchte
faul, verfaulen
faul, faulenzen, die Faulheit, der Faulpelz
die **Faust,** die Fäuste
der **Februar**
Die Römer nannten diesen Monat Februarius.
die **Feder,** die Federn
Unsere Vorfahren benutzten Vogelfedern zum Schreiben. Der Name 'Feder' blieb, als man später mit Metallfedern schrieb.
fegen, sie fegte
fehlen, sie fehlte
der **Fehler,** die Fehler, fehlerfrei
feiern, er feierte, die Feier, der Feiertag, der Feierabend, feierlich → Ferien
feige, der Feigling, die Feigheit
die **Feige,** die Feigen
fein
der **Feind,** die Feinde, die Feindschaft, feindlich
der **Feitel*** (Taschenmesser)
das **Feld,** die Felder (11)

die **Felge,** die Felgen, die Felgenbremse
das **Fell,** die Felle
der **Fels** oder: der Felsen, die Felsen, felsig
das **Fenster,** die Fenster → Mauer → Scheibe
Als unsere Vorfahren von den Römern Steinhäuser mit Fenstern kennen lernten, übernahmen sie auch den römischen Namen 'fenestra'.
die **Ferien**
'Feriae' (lateinisch) hieß: Festtage, Feiertage, Ruhetage.
das **Ferkel,** die Ferkel
fern, die Ferne
der **Ferner*** (Gletscher)
fernsehen, das Fernsehen, der Fernseher
die **Ferse,** die Fersen (34)
fertig, fertig bekommen, fertig stellen
die **Fessel,** die Fesseln, fesseln
fest, feststellen
das **Fest,** die Feste, festlich
das **Fett,** die Fette, etwas ist fett, fettig
der **Fetzen,** die Fetzen
feucht, die Feuchtigkeit
der **Feudel*** (Wischlappen)
das **Feuer,** die Feuer, feurig, die Feuerwehr
die **Fibel,** die Fibeln
die **Fichte,** die Fichten
das **Fieber,** fiebern, fiebrig, das Fieberthermometer
ich **fiel** (Grundform: fallen)

die **Figur,** die Figuren
der **Film,** die Filme, filmen, der Filmstar → Star
der **Filter,** die Filter, filtern
der **Filz,** die Filze, der Filzschreiber
die **Finanzen,** das Finanzamt, der Finanzminister
finden, sie fand, gefunden, der Finder, der Fund
der **Finger,** die Finger
der **Fink,** die Finken
Weil der Fink auch Körner aus dem Pferdekot pickt, galt er früher als schmutzig. Daher kommen unsere Schimpfwörter 'Schmutzfink' und 'Dreckfink'.
Finnland, der Finne, finnisch
finster, die Finsternis
die **Firma,** die Firmen
die **Firmung,** firmen, die Konfirmation
'Firm' (lateinisch) hieß: fest, stark. Mit Firmung und Konfirmation sollen Kinder fest im Glauben gemacht werden.
der **Firner*** (Gletscher)
der **Fisch,** die Fische, fischen, der Fischer
flach, die Fläche, das Flachland
flackern, es flackerte
die **Flagge,** die Flaggen
die **Flamme,** die Flammen, flammen, entflammt
die **Flappe*,** die Fläppe* (Schmollmund)
die **Flasche,** die Flaschen

der **Flaschner*** (Klempner) (34)
flattern, er flatterte
flechten, sie flicht, sie flocht, die Flechte
der **Fleck,** die Flecken, fleckig
die **Fledermaus,** die Fledermäuse
Der Name bedeutet Flattermaus.
der **Flegel,** die Flegel
flehen, er fleht, er flehte
das **Fleisch,** fleischig, der Fleischer (34)
der **Fleiß,** fleißig
flennen* (weinen)
flicken, er flickte, der Flicken
der **Flieder**
die **Fliege,** die Fliegen
fliegen, er fliegt, er flog, die Fliege
fliehen, sie flieht, sie floh, die Flucht
die **Fliese,** die Fliesen
fließen, es fließt, es floss, geflossen, flüssig, der Fluss, das → Floß
flink (22)
die **Flinte,** die Flinten
flitzen, er flitzt, er flitzte
die **Flocke,** die Flocken, flockig
der **Floh,** die Flöhe
das **Floß,** die Flöße
Er flößt das Holz auf dem Fluss.
die **Flosse,** die Flossen
die **Flöte,** die Flöten, flöten
flott (22)
fluchen, er fluchte, der Fluch
die **Flucht,** fliehen, der Flüchtling
flüchtig, der Flüchtigkeitsfehler
der **Flug,** die Flüge, das Flugzeug
der **Flügel,** die Flügel
'Flügel' bedeutete früher nur das Paar Vogelflügel. Später gebrauchte man den Namen auch für andere Paare von Sachen: Nasenflügel, Lungenflügel, Türflügel, Gebäudeflügel.
flügge
Ein Jungvogel ist flügge, wenn er genug Federn für den Flug hat.
flunkern* (angeben, übertreiben)
der **Flunsch*** (Schmollmund)
der **Flur** (Hausflur), die Flure
die **Flur** (Feldflur), die Fluren
der **Fluss,** die Flüsse → Floß
flüstern, er flüsterte (15)
die **Flut**
der **Föhn,** die Föhne (1. Haartrockner, 2. warmer Wind von den Bergen)
folgen, sie folgte
fordern, er forderte, die Forderung
fördern, sie förderte, befördern, der Förderunterricht
Vor rund tausend Jahren hieß 'furdiren': weiter nach vorn bringen.

A B C D E F G H I J K L M N O P Q R S T U V W X Y Z

die **Forelle,** die Forellen
die **Form,** die Formen, formen
das **Formular,** die Formulare
forschen, er forschte, der Forscher
der **Forst,** die Forsten, der Förster, aufforsten
fort
der **Fortschritt,** die Fortschritte
fortsetzen, er setzte fort, die Fortsetzung
fotografieren, sie fotografierte, der Fotograf, das Foto, die Fotokopie (39)
die **Fracht,** die Frachten, das Frachtschiff, der Frachter, verfrachten
fragen, er fragte (15), die Frage
Frankreich, der Franzose, französisch
die **Fratze,** die Fratzen
die **Frau,** die Frauen, die Hausfrau
Veraltet: das Fräulein.
frech, die Frechheit
frei, die Freiheit, befreien, <u>im</u> <u>F</u>reien
freilich
der **Freitag,** die Freitage, freitags, am Freitag
Die Germanen nannten den sechsten Wochentag nach ihrer Göttin Freia. Sie war die Frau des Donnergottes Donar. → Donnerstag
freiwillig
die **Freizeit**
fremd, der Fremde, die Fremde → Elend
fressen, du frisst, sie fra<u>ß</u> (17), der Fra<u>ß</u>
sich **freuen,** sie freute sich, die Freude, freudig
der **Freund,** die Freunde, die Freundin, die Freundschaft
freundlich, die Freundlichkeit
der **Frieden** oder: der Friede, friedlich
der **Friedhof,** die Friedhöfe
frieren, sie fror
frisch, die Frische, erfrischen
frisieren, er frisierte, die Frisur, der Frisör oder: der Friseur
sie **frisst** (Grundform: fressen)
die **Frist,** die Fristen, fristlos
froh
fröhlich, die Fröhlichkeit
fromm, die Frömmigkeit
Fronleichnam
die **Front,** die Fronten
der **Frosch,** die Frösche, der Froschlaich
der **Frost,** die Fröste, frösteln, frostig
frotzeln* (hänseln, necken)
die **Frucht,** die Früchte
früh, früher, frühestens
der **Frühling,** das Frühjahr

das **Frühstück,** früh-
stücken (17)
Ursprüngliche Bedeutung: das in der Frühe gegessene Stück Brot.
der **Fuchs,** die Füchse
das **Fuder,** die Fuder
fühlen, er fühlte, der Fühler, das Gefühl
führen, er führte, der Führer, die Führung, der Führerschein
füllen, sie füllte, die Füllung, der Füller
fünf, fünfzehn, fünfzig, fünfmal, ein Fünftel
der **Funk,** funken, der Funker
der **Funke,** die Funken
funktionieren, es funktionierte
für
die **Furche,** die Furchen
fürchten, sie fürchtete sich, die Furcht, furchtbar, fürchterlich
die **Furt,** die Furten
der **Fuß,** die Füße, zu Fuß, der Fußball, der Fußgänger (7) → bar
das **Futter,** futtern
das **Futter** (im Kleid)
füttern, sie fütterte, die Fütterung

G

die **Gabe,** die Gaben, geben → begabt
die **Gabel,** die Gabeln
gackern, sie gackerte
gaffen, er gaffte (14)
gähnen, sie gähnte
die **Galle**
der **Galopp,** galoppieren
der **Gang,** die Gänge, die Gangschaltung
die **Gans,** die Gänse, der Gänsemarsch
Marsch wie die Gänse: in einer Reihe hintereinander.
ganz, gänzlich
gar, gar nicht, gar kein
gar (gar gekocht)
die **Garage,** die Garagen
die **Garantie,** die Garantien, garantieren
die **Garbe,** die Garben
die **Garderobe,** die Garderoben
die **Gardine,** die Gardinen
gären, es gärte, gegoren
das **Garn,** die Garne
die **Garnitur,** die Garnituren
der **Garten,** die Gärten, der Gärtner, die Gärtnerei (12)
das **Gas,** die Gase
die **Gasse,** die Gassen
der **Gast,** die Gäste, gastlich, das Gasthaus, die Gaststätte, der Gastwirt
das **Gatt*** (enger Durchgang)

A B C D E F G H I J K L M N O P Q R S T U V W X Y Z

der **Gatte** (bei Frauen: die Gattin), die Gatten
das **Gatter,** die Gatter
die/ das **Gaudi*** (Vergnügen)
der **Gaul,** die Gäule (34) → Pferd
der **Gaumen,** die Gaumen
der **Gauner,** die Gauner
die **Gautsche*** (Schaukel)
das **Gebäck** → backen
gebären, sie gebärt, sie gebar, geboren
das **Gebäude,** die Gebäude
geben, sie gibt, sie gab, gib! (20), die Gabe
das **Gebet,** die Gebete
gebieten, er gebietet, er gebot, der Gebieter
Früher sagte man: Die Gegend, in der ein Fürst gebietet, ist sein Gebiet.
gebildet, der Gebildete
das **Gebirge,** die Gebirge, gebirgig
das **Gebiss,** die Gebisse
geboren
das **Gebot,** die Gebote → gebieten
gebrauchen, der Gebrauch, die Gebrauchsanweisung
das **Gebrechen,** die Gebrechen, gebrechlich (28)
die **Gebühr,** die Gebühren
die **Geburt,** die Geburten, der Geburtstag, der Geburtsort
das **Gebüsch,** die Gebüsche (viele Büsche) → Gepäck
das **Gedächtnis**
der **Gedanke,** die Gedanken
gedeihen, es gedieh
das **Gedicht,** die Gedichte
die **Geduld,** geduldig
geeignet
die **Gefahr,** die Gefahren, gefährlich (29)
das **Gefälle,** die Gefälle (30)
Straßen, die hinabführen, 'fallen': Sie haben Gefälle.
gefallen, es gefällt mir, es gefiel mir, einen Gefallen tun (30)
das **Gefängnis,** die Gefängnisse, der Gefangene
das **Gefäß,** die Gefäße
das **Geflügel** → Flügel
das **Gefühl,** die Gefühle
gegen, gegenüber, gegeneinander
die **Gegend,** die Gegenden
der **Gegensatz,** die Gegensätze
der **Gegenstand,** die Gegenstände
das **Gegenteil**
die **Gegenwart**
der **Gegner,** die Gegner
das **Gehalt,** die Gehälter (verdientes Geld)
der **Gehalt** (Inhalt, Wert)
gehässig, der Hass
geheim, das Geheimnis, geheimnisvoll

A B C D E F G H I J K L M N O P Q R S T U V W X Y Z

gehen, er geht, er ging, gegangen (13), der Gang
geheuer
der **Gehilfe,** die Gehilfen
das **Gehirn,** die Gehirne
das **Gehör**
gehorchen, er gehorchte, der Gehorsam, gehorsam sein → horchen
gehören, es gehörte ihr
die **Geige,** die Geigen
die **Geiß*** (Ziege) (34)
der **Geist,** die Geister, geistig, der Heilige Geist
geizig, der Geiz, der Geizhals
das **Gelände** → Land
das **Geländer,** die Geländer
gelb
das **Geld,** die Gelder
das/der **Gelee,** die Gelees
die **Gelegenheit,** die Gelegenheiten
gelehrt, der Gelehrte, gelehrig
das **Geleise** (auch: das Gleis), die Geleise
Früher meinte man mit 'waganleisa' die Wagenspur.
das **Gelenk,** die Gelenke, gelenkig
gelingen, es gelang, gelungen
gellend laut (25)
gelten, es gilt, es galt, gegolten
gemächlich (23)
das **Gemälde,** die Gemälde
gemäß
gemein, die Gemeinschaft, gemeinsam, die Gemeinheit
die **Gemeinde,** die Gemeinden
das **Gemüse**
Früher nannte man den Brei aus gekochten Pflanzen 'Mus'. Alle Musarten zusammen hießen Gemüse. → Gepäck
das **Gemüt,** die Gemüter
gemütlich, die Gemütlichkeit
genau, die Genauigkeit, genauso
genehmigen, er genehmigte, die Genehmigung
der **General,** die Generäle
die **Generation,** die Generationen
das **Genick**
genießen, er genoss, genossen, der Genuss
der **Genitiv**
der **Genosse,** die Genossen, die Genossenschaft
genug, genügen, es genügt, es ist genügend
die **Geografie/Geographie** (39)
das **Gepäck**
Ein 'Pack' und ein 'Packen' sind alte Wörter für 'Bündel'. Viele Packen zusammen sind Gepäck. → Gemüse → Gebüsch
gerade, geradeaus, geradezu → recht

A B C D E F G H I J K L M N O P Q R S T U V W X Y Z

das **Gerät,** die Geräte → Vorrat
geraten, es gerät, es geriet
geräumig
das **Geräusch,** die Geräusche
gerecht, die Gerechtigkeit → recht → Recht
das **Gericht,** die Gerichte, der Richter → recht → Recht
das **Gericht** (Speise), die Gerichte
gering
gerinnen, es gerann, geronnen
das **Gerippe,** die Gerippe
gerissen
der **Germane,** die Germanen, Germanien, germanisch
gern
die **Gerste**
der **Geruch,** die Gerüche
das **Gerücht,** die Gerüchte
das **Gerümpel**
das **Gerüst,** die Gerüste
gesamt, insgesamt
der **Gesang,** die Gesänge
das **Geschäft,** die Geschäfte
geschehen, es geschieht, es geschah
gescheit
das **Geschenk,** die Geschenke
die **Geschichte,** die Geschichten
das **Geschirr**
das **Geschlecht,** die Geschlechter
der **Geschmack,** schmackhaft, schmecken
das **Geschöpf,** die Geschöpfe
das **Geschoss,** die Geschosse
das **Geschrei**
das **Geschütz,** die Geschütze
geschwind, die Geschwindigkeit
die **Geschwister**
das **Geschwür,** die Geschwüre
der **Geselle,** die Gesellen
die **Gesellschaft,** die Gesellschaften, gesellig
das **Gesetz,** die Gesetze (32), gesetzlich

In Ge<u>setz</u>en ist festge<u>setz</u>t, nach welchen Regeln wir zusammen leben. Beispiel: Schulpflichtgesetz.

das **Gesicht,** die Gesichter → sehen
das **Gespenst,** die Gespenster
das **Gespräch,** die Gespräche (33), gesprächig
die **Gestalt,** die Gestalten
das **Geständnis,** die Geständnisse
gestatten, er gestattete
gestehen, er gestand, das Geständnis
das **Gestein,** die Gesteine
das **Gestell,** die Gestelle
gestern
das **Gestrüpp**
gesund, die Gesundheit

A B C D E F G H I J K L M N O P Q R S T U V W X Y Z

das **Getränk,** die Getränke
das **Getreide**
das **Gewächs,** die Gewächse
gewähren, er gewährte
die **Gewalt,** die Gewalten, gewaltig
das **Gewand,** die Gewänder
gewandt sein
das **Gewässer,** die Gewässer
das **Gewehr,** die Gewehre
das **Geweih,** die Geweihe
das **Gewerbe,** die Gewerbe
die **Gewerkschaft,** die Gewerkschaften
gewesen (Grundform: sein)
das **Gewicht,** die Gewichte
das **Gewinde,** die Gewinde
→ winden
gewinnen, er gewann, gewonnen, der Gewinn, der Gewinner
gewiss, die Gewissheit
das **Gewissen,** die Gewissen
Mit unserem Ge<u>wissen</u> 'wissen' wir, wenn wir etwas Unrechtes tun.
das **Gewitter,** die Gewitter
gewitzt
gewöhnen, er gewöhnte, die Gewohnheit, die Gewöhnung, gewöhnlich
das **Gewölbe,** die Gewölbe, gewölbt
das **Gewürz,** die Gewürze
die **Gezeiten** (Ebbe und Flut)
der **Giebel,** die Giebel
die **Gier,** gierig
gießen, er gießt, er go<u>ss</u>, gego<u>ss</u>en, der Gu<u>ss</u>
das **Gift,** die Gifte, giftig
der **Gipfel,** die Gipfel
der **Gips,** gipsen
die **Giraffe,** die Giraffen
die **Gitarre,** die Gitarren
das **Gitter,** die Gitter, vergittern
glänzen, es glänzte, der Glanz
das **Glas,** die Gläser, gläsern
glatt, die Glätte
die **Glatze,** die Glatzen
glauben, er glaubte, der Glaube, gläubig
gleich, das Gleichgewicht, der Gleichschritt, gleichgültig, gleichmäßig, gleichzeitig
das **Gleis,** die Gleise
→ Geleise
der **Gletscher,** die Gletscher
das **Glied,** die Glieder, gliedern, die Gliederung
glitzern, es glitzerte
der **Globus,** die Globusse oder: die Globen
'Globus' (lateinisch) hieß: Kugel.
die **Glocke,** die Glocken
glotzen, er glotzte
das **Glück,** das Unglück, der Glückwunsch, glücklich
die **Glucke,** die Glucken
glücken, es glückte
glühen, es glühte
die **Gnade,** gnädig

die **Gnitte*** (kleine Mücke)
das **Gold,** golden, goldig
der **Gong,** die Gongs
gönnen, er gönnte
das **Gör*** (ungezogenes Kind)
der **Gorilla,** die Gorillas
die **Gosse,** die Gossen
der **Gott,** die Götter, göttlich
das **Grab,** die Gräber, begraben, das Begräbnis
der **Graben,** die Gräben, graben
der **Grad,** die Grade, 30 Grad (30°), aber: → Grat
das **Gramm,** fünf Gramm (5 g)
die **Grammatik**
die **Granate,** die Granaten
der **Granit**
grantig* (mürrisch)
das **Gras,** die Gräser, grasen
grässlich
der **Grat** (auf dem Bergrücken), die Grate, das Rückgrat, aber: → Grad
die **Gräte,** die Gräten
die **Grätsche,** die Grätschen
gratulieren, er gratulierte, die Gratulation
grau
grauen, es graute, das Grauen, grauenhaft, grauenvoll, gräulich
grausam, die Grausamkeit
greifen, er griff, der Griff
greinen* (weinen)
der **Greis,** die Greise
'Grau' hieß früher 'greis'. Man sagte: greises Haar. Später nannte man so auch die Menschen, die das graue Haar trugen: Sie waren Greise, also Alte.
die **Grenze,** die Grenzen
Griechenland, der Grieche, griechisch
der **Grieß**
der **Griff,** die Griffe
der **Grill,** die Grills, grillen
die **Grille,** die Grillen
die **Grimasse,** die Grimassen
grimmig
grinsen, er grinste (18)
die **Grippe**
grob
grölen, er grölte
grollen, er grollte, der Groll
der **Groschen,** die Groschen
groß, die Größe
Großbritannien, der Brite, britisch
die **Grube,** die Gruben
grübeln, sie grübelte
Wer in seinen Gedanken sozusagen herumgräbt, der grübelt.
grün, grünen, das Grün
der **Grund,** die Gründe, begründen, gründlich, das Grundstück
Grund nennt man den Boden. Wenn einer Land hat, sagen wir: Er hat Grund und Boden. Ein Stück Grund ist ein Grundstück. – Wer einer Sache auf den Grund geht, untersucht sie gründlich.
grunzen, er grunzte

die **Gruppe,** die Gruppen
grüßen, er grüßte, der Gruß
gucken, sie guckte (14)
das/der **Gulasch**
'Gulyas' (ungarisch) heißt: Rinderherde.
die **Gülle*** (Jauche)
die **Gült*,** die Gülte (Abgabe)
gültig, die Gültigkeit
das/der **Gummi,** die Gummis
der **Gummitwist**
der **Gupf*** (Gipfel)
die **Gurgel,** gurgeln
die **Gurke,** die Gurken
der **Gürtel,** die Gürtel
der **Guss,** die Güsse
gut
das **Gut,** die Güter
die **Güte,** gütig
das **Gymnasium,** die Gymnasien
die **Gymnastik**

H

das **Haar,** die Haare, das Härchen, haarscharf, der Hund haart
die **Habe,** Hab und Gut
haben, er hat, er hatte
der **Habicht,** die Habichte
die **Hacke** oder: der Hacken (Ferse), die Hacken (34)
der **Hafen,** die Häfen
der **Hafer**
die **Haft,** haften, verhaften, der Häftling
der **Hagel,** hageln
hager
der **Hahn,** die Hähne
häkeln, sie häkelte
der **Haken,** die Haken
halb, halbe, halbieren, die Halbinsel, die Halbzeit
die **Halde,** die Halden
die **Hälfte,** die Hälften
die **Halle,** die Hallen
die **Hallig,** die Halligen
der **Halm,** die Halme
der **Hals,** die Hälse
halten, er hält, er hielt, die Haltestelle, das Halteverbot, die Haltung, haltbar, Halt machen
Hamburg, der Hamburger, hamburgisch
der **Hammel,** die Hammel oder: die Hämmel
der **Hammer,** die Hämmer, hämmern

A B C D E F G H I J K L M N O P Q R S T U V W X Y Z

hampeln, er hampelte
der **Hamster,** die Hamster, hamstern
die **Hand,** die Hände, die Handschrift, der Handschuh, das Handtuch, das Handwerk
Aus 'Werk der Hand' wurde Handwerk und Handwerker.
handeln, er handelte, der Handel, der Händler, die Handlung → behandeln
Wer mit der Hand etwas tat, handelte. Heute gebraucht man diese Wörter nicht mehr für die Tätigkeit der Hände.
das **Handy,** die Handys
hängen, es hängt, das Kleid hing im Schrank, es hat lange gehangen
hängen, sie hängt, sie hängte das Kleid auf, sie hat es aufgehängt
hänseln, sie hänselte
hantig* (bitter, heftig)
die **Harke,** die Harken (34), harken
harmlos
hart, die Härte
der **Harz** (Gebirge)
das **Harz** (am Baum)
der **Hase,** die Hasen
die **Haselnuss,** die Haselnüsse
der **Hass,** hassen
hässlich
du **hasst** (Grundform: hassen)
du **hast** (Grundform: haben)

die **Hast,** hasten, hastig
er **hat**
sie **hatte**
die **Haube,** die Hauben
hauchen, er hauchte, der Hauch
hauen, er haute
der **Haufen,** die Haufen, **häufig**
das **Haupt,** die Häupter, hauptsächlich
Das Haupt – der Kopf – gilt als der wichtigste Teil des Menschen. – Die wichtigste Sache ist die Hauptsache. – Der Anführer heißt Häuptling. – Die wichtigste Stadt ist die Hauptstadt.
das **Haus,** die Häuser, die Hausarbeit, die Hausfrau, der Hausmann
Man sagt: Hexen hausen in ihrer Behausung. – Die Apfelkerne sitzen im Gehäuse.
der **Hausrat** → Vorrat
die **Haut,** die Häute
die **Hebamme,** die Hebammen
der **Hebel,** die Hebel
heben, sie hob
die **Hecke,** die Hecken
das **Heer,** die Heere
die **Hefe**
das **Heft,** die Hefte, abheften
Ein Heft besteht aus mit Fäden oder Klammern geheftetem Papier.
heftig, die Heftigkeit
die **Heide** (unbebautes Land), die Heiden
der **Heide** (Nichtchrist), die Heiden

die **Heidelbeere,** die Heidelbeeren (34)
heil, heilen, die Heilung
heilig, der Heilige, der Heilige Abend
das **Heim,** die Heime, ich fahre heim, das Heimweh
die **Heimat,** heimatlich
heimlich, die Heimlichkeit, verheimlichen
die **Heirat,** die Heiraten, heiraten
heiser, die Heiserkeit
heiß, die Hitze
heißen, er heißt, er hieß, geheißen
heiter, die Heiterkeit
heizen, er heizte, die Heizung, das Heizöl
der **Held,** die Helden
helfen, er hilft, er half, geholfen, die Hilfe
hell, die Helligkeit
der **Helm,** die Helme
das **Hemd,** die Hemden
hemmen, er hemmte, die Hemmung
das **Hendl*** (Brathuhn)
der **Hengst,** die Hengste
der **Henkel,** die Henkel
die **Henne,** die Hennen
her, herab, heran, herauf, heraus
die **Herberge,** die Herbergen
der **Herbst,** herbstlich
der **Herd,** die Herde

die **Herde,** die Herden
herein
der **Hering,** die Heringe
der **Herr,** die Herren
herrlich
herrschen, er herrschte
herstellen, sie stellte her, die Herstellung
herüber
herum
herunter
hervor
das **Herz,** die Herzen, herzlich
Da bei starker Erregung das Herz stärker klopft, glaubte man lange, im Herzen wohnten die Gefühle. Darum sind wir 'von Herzen' froh, oder uns tut etwas 'von Herzen' Leid. Wer anderen sagt, wie es ihm 'ums Herz' ist, der ist offenherzig. Freunde sind 'ein Herz und eine Seele'. Wir können herzzerreißend und herzerweichend weinen und wir können herzlich sein.
Hessen, der Hesse, hessisch
hetzen, sie hetzte, die Hetze
das **Heu,** die Heuschrecke (34)
heucheln, er heuchelte, der Heuchler, heuchlerisch
heuer* (in diesem Jahr)
die **Heuer** (Lohn für Seeleute)
heulen, sie heulte (19)
Das bedeutet: wie eine Eule schreien.

A B C D E F G H I J K L M N O P Q R S T U V W X Y Z

heute, heute Morgen, heute Abend

die **Hexe,** die Hexen, hexen

hier, hierauf, hierbei, hierdurch, hierher, hiermit, hierzu

hiesig

die **Hilfe,** die Hilfen, der Helfer, der Gehilfe, hilfsbereit, hilflos

die **Himbeere,** die Himbeeren

der **Himmel,** himmlisch

hin

hinab

hinauf

hinaus

hindern, er hinderte, verhindern, das Hindernis

hindurch

hinein

hinken, er hinkte

hinnet* (in diesem Jahr)

hinsetzen

die **Hinsicht**

hinten

hinter, hintereinander, hinterher, hinterlistig, der Hintergrund

der **Hintern,** die Hintern

hinüber

hinzu

das **Hirn,** die Hirne

der **Hirsch,** die Hirsche

der **Hirt** oder: der Hirte, die Hirten

die **Hitze**

das **Hobby,** die Hobbys

hobeln, er hobelte, der Hobel

hoch, höher, am höchsten, höchstens

der **Hochmut,** hochmütig

die **Hochzeit,** die Hochzeiten

hocken, er hockte, der Hocker

der **Hoden,** die Hoden

der **Hof,** die Höfe, der Bauernhof, das Gehöft, der Gasthof, der Kirchhof, der Bahnhof

Am Königshof war feines Benehmen üblich: Höflichkeit.

hoffen, sie hoffte, die Hoffnung, hoffentlich

höflich, die Höflichkeit → Hof

hohe Bäume

die **Höhe,** die Höhen

hohl, die Höhle

der **Hohn,** verhöhnen

holen, er holte

Holland, der Holländer, holländisch

die **Hölle**

holpern, er holperte, holp(e)rig

das **Holz,** die Hölzer, hölzern

der **Honig**

der **Hopfen**

hopsen, er hopste

horchen, sie horchte

Wenn Doris ihrem Vater gehorcht, horcht oder hört sie auf ihn.

hören, sie hörte, der Hörer → horchen

der **Horizont**
das **Horn,** die Hörner
die **Hornisse,** die Hornissen
die **Hose,** die Hosen
das **Hotel,** die Hotels
die **Hotte*** (Tragekorb)
hübsch
der **Hubschrauber,** die Hubschrauber
die **Hude*** (Viehweide)
der **Huf,** die Hufe
die **Hüfte,** die Hüften
der **Hügel,** die Hügel, hüg(e)lig
das **Huhn,** die Hühner
die **Hülle,** die Hüllen
die **Hülse,** die Hülsen
Hülsenfrüchte stecken in einer Hülse: Erbsen, Bohnen, Linsen.
die **Hummel,** die Hummeln
der **Humor**
humpeln, sie humpelte
der **Hund,** die Hunde
hundert, hundertmal, ein Hundertstel von..., aber: ein hundertstel Gramm
der **Hunger,** hungern, hungrig
die **Hupe,** die Hupen, hupen
hüpfen, er hüpfte
huschen, sie huschte (13)
der **Husten,** husten
der **Hut,** die Hüte
die **Hut,** hüten, behüten, auf der Hut sein
die **Hutsche*** (Schaukel)
die **Hütte,** die Hütten

I

ich
ideal, das Ideal
die **Idee,** die Ideen
der **Idiot,** die Idioten, idiotisch
der **Igel,** die Igel
ihm, gib ihm das Heft
ihn, ich sehe ihn
ihnen, sage es ihnen
ihr
die **Illustrierte,** die Illustrierten
im Haus (in dem Haus)
der **Imker,** die Imker
immer, immerhin
impfen, er impfte, die Impfung
imponieren, sie imponierte, imposant
imstande sein/
im Stande sein
in, ins (in das Haus)
indem
der **Indianer,** die Indianer
Als Columbus vor rund 500 Jahren mit seinem Schiff nach Amerika kam, dachte er, er sei in Indien. Darum nannte er die Menschen 'Inder' (Indianer).
die **Industrie,** die Industrien
ineinander
die **Infektion,** die Infektionen, der Infekt
der **Infinitiv,** die Infinitive (37)
informieren, sie informierte, die Information
der **Ingenieur,** die Ingenieure

der **Inhalt,** die Inhalte
innen, innerhalb
innig
das **Insekt,** die Insekten
die **Insel,** die Inseln
das **Inserat,** die Inserate, inserieren
insofern
der **Inspektor,** die Inspektoren, die Inspektion
der **Installateur,** die Installateure, die Installation
das **Institut,** die Institute
das **Instrument,** die Instrumente
intelligent, die Intelligenz
interessieren, sie interessierte sich, interessant, das Interesse
international
das **Internet**
das **Interview,** die Interviews, interviewen
der **Invalide,** die Invaliden
inzwischen
irgend, irgendein, irgendetwas, irgendjemand, irgendwann, irgendwie, irgendwo
Irland, der Ire, irisch
die **Ironie,** ironisch
irren, er irrte, der Irrtum, irrtümlich
du **isst** (Grundform: essen)
er **ist** (Grundform: sein)
Italien, der Italiener, italienisch

J

ja
die **Jacht** (auch: die Yacht), die Jachten
die **Jacke,** die Jacken
jagen, er jagt, er jagte, der Jäger, die Jagd
der **Jaguar,** die Jaguare
jäh, der Jähzorn
das **Jahr,** die Jahre, jährlich, der Jahrgang, das einjährige Kind
der **Jahrmarkt,** die Jahrmärkte
der **Jammer,** jammern (15) (19), jämmerlich
der **Januar**
Die Römer nannten den Monat, mit dem sie in das Jahr sozusagen eintraten, nach dem Gott der Türen und Tore: Januarius.
Japan, der Japaner, japanisch
japsen, er japste
jäten, er jätete
die **Jauche**
jauchzen, sie jauchzte
jaulen, er jaulte
jawohl
der **Jazz,** jazzen
je
jedenfalls
jeder, jedermann → Mann, jedes Mal
jedoch
jemals
jemand

jener
jenseits
der **Jesus**
jetzt
jeweils
der **Job,** die Jobs, jobben
jodeln, er jodelte
der/ das **Joghurt/Jogurt**
johlen, er johlte
der **Journalist,** die Journalisten
das **Jubiläum,** die Jubiläen
jubilieren, sie jubilierte, jubeln (18), der Jubel
'Jubilare' (lateinisch) hieß: jauchzen.
jucken, er juckte
der **Jude,** die Juden, jüdisch
das **Judo**
die **Jugend,** der Jugendliche, jugendlich, die Jugendweihe
der **Juli**
Die Römer nannten diesen Monat nach ihrem Kaiser Julius Caesar, der als Feldherr auch einen Teil unseres Landes eroberte.
jung, der Jüngling
der **Junge,** die Jungen (34)
der **Junggeselle,** die Junggesellen
der **Juni**
Die Römer nannten diesen Monat nach ihrer Göttin Juno.
der **Jurist,** die Juristen
das **Juwel,** die Juwelen, der Juwelier
der **Jux**

K

sich **kabbeln*** (zanken)
das **Kabel,** die Kabel
die **Kabine,** die Kabinen
die **Kachel,** die Kacheln
der **Käfer,** die Käfer
der **Kaffee**
der **Käfig,** die Käfige
kahl
der **Kahn,** die Kähne
der **Kai,** die Kais
der **Kaiser,** die Kaiser, kaiserlich → Juli
Der römische Feldherr Julius Caesar eroberte einen Teil des germanischen Landes. Nach ihm nannten die Germanen einen Herrscher 'kaisar'.
der **Kakao**
der **Kaktus,** die Kakteen
das **Kalb,** die Kälber
der **Kalender,** die Kalender
der **Kalk,** kalken, kälken
kalt, die Kälte (9)
ich **kam** (Grundform: kommen)
das **Kamel,** die Kamele
die **Kamera,** die Kameras
der **Kamerad,** die Kameraden, die Kameradschaft, kameradschaftlich
'Camera' (italienisch) heißt: Zimmer. Eine 'camerata' war früher eine Zimmergemeinschaft.
der **Kamm,** die Kämme, kämmen
die **Kammer,** die Kammern → Kamerad

A B C D E F G H I J K L M N O P Q R S T U V W X Y Z

der **Kampf,** die Kämpfe, kämpfen
der **Kanal,** die Kanäle, die Kanalisation
der **Kanarienvogel,** die Kanarienvögel
der/ die **Kandel*** (Wasserrinne)
der **Kandidat,** die Kandidaten
das **Kaninchen,** die Kaninchen
der **Kanister,** die Kanister
die **Kanne,** die Kannen
der **Kanon,** die Kanons
die **Kanone,** die Kanonen
die **Kante,** die Kanten, kantig
die **Kantine,** die Kantinen
das **Kanu,** die Kanus
die **Kanzel,** die Kanzeln
der **Kanzler,** die Kanzler
die **Kapelle,** die Kapellen
kapieren, er kapierte
der **Kapitän,** die Kapitäne
das **Kapitel,** die Kapitel
die **Kappe,** die Kappen
die **Kapsel,** die Kapseln
kaputt (16)
die **Kapuze,** die Kapuzen
der **Karfreitag,** die Karfreitage
kariert
die **Karies**
der **Karneval*** (Fastnacht)
das **Karnickel,** die Karnickel
die **Karosserie,** die Karosserien
die **Karotte*** (Möhre) (34)
der **Karpfen,** die Karpfen
die **Karre,** die Karren
die **Karte,** die Karten
die **Kartoffel,** die Kartoffeln
'Tartufolo' (italienisch) hieß: Kartoffel.
der **Karton,** die Kartons
das **Karussell,** die Karussells
der **Käse**
die **Kaserne,** die Kasernen
der **Kasper**
die **Kasse,** die Kassen, kassieren
die **Kassette** (auch: die Cassette), die Kassetten, der Kassettenrekorder
die **Kastanie,** die Kastanien
der **Kasten,** die Kästen
der **Katalog,** die Kataloge
die **Katastrophe,** die Katastrophen, katastrophal
der **Kater,** die Kater
katholisch, der Katholik
die **Katze,** die Katzen
kauen, er kaute
kauern, sie kauerte
kaufen, sie kaufte, der Kauf, der Käufer, der Kaufmann → Mann
die **Kaule*** (Grube)
die **Kaulquappe,** die Kaulquappen
kaum
der **Kauz,** die Käuze
der **Kegel,** die Kegel, kegeln
die **Kehle,** die Kehlen
kehren* (fegen)
kehrtmachen

keifen, sie keifte
der **Keil,** die Keile
der **Keim,** die Keime, keimen, der Keimling
kein, keinmal
keineswegs
der **Keks,** die Kekse
der **Kelch,** die Kelche
die **Kelle,** die Kellen
der **Keller,** die Keller
der **Kellner,** die Kellner
kennen, er kannte, die Kenntnis, bekannt
kentern, sie kenterte
kerben, er kerbte, die Kerbe
der **Kerl,** die Kerle
der **Kern,** die Kerne, kernig
die **Kerze,** die Kerzen
der **Kessel,** die Kessel
die **Kette,** die Ketten
keuchen, sie keuchte, der Keuchhusten
die **Keule,** die Keulen
kichern, er kicherte (18)
kiebig* (frech, zänkisch)
der **Kiebitz,** die Kiebitze
der **Kiefer** (Gebissknochen), die Kiefer
die **Kiefer** (Nadelbaum), die Kiefern
kieken* (sehen)
die **Kieme,** die Kiemen
die **Kiepe*** (Tragekorb)
der **Kies,** der Kiesel
das **Kilogramm,** drei Kilogramm (3 kg), kurz:
das Kilo
Im alten Griechenland bedeutete ein ähnliches Wort wie 'Kilo': tausend.
der **Kilometer,** drei Kilometer (3 km)
das **Kind,** die Kinder, kindlich, die Kindheit
das **Kinn**
das **Kino,** die Kinos
der **Kiosk,** die Kioske
der **Kipf*,** das Kipferl* (besonderes Gebäck)
kippen, es kippte, die Kippe
die **Kirche,** die Kirchen
Im alten Griechenland bedeutete ein ähnliches Wort: Gottes Haus.
die **Kirchweih*,** die **Kirchmesse,** die **Kirmes*** (Fest mit Jahrmarkt)
die **Kirsche,** die Kirschen
das **Kissen,** die Kissen
die **Kiste,** die Kisten
der **Kitsch**
der **Kitt**
der **Kittel,** die Kittel
kitzeln, er kitzelte
klagen, sie klagte, die Klage, der Kläger, kläglich
klamm
die **Klammer,** die Klammern, klammern
der **Klang,** die Klänge
klappen, es klappte, die Klappe
klappern, es klapperte, die Klapper

A B C D E F G H I J K L M N O P Q R S T U V W X Y Z

A B C D E F G H I J K L M N O P Q R S T U V W X Y Z

der **Klaps,** die Klapse
klar, klären, erklären, die Klarheit, die Kläranlage
Der Polizist bringt Klarheit in ein undurchsichtiges Verbrechen: Er klärt es auf. – Wer anderen etwas klarmacht, erklärt es.
die **Klasse,** die Klassen
der **Klassenlehrer** (auch: der Klasslehrer), die Klassenlehrerin, das ist Klasse
klatschen, er klatschte
klauben* (aufheben)
das **Klavier,** die Klaviere
kleben, er klebte, der Kleber, der Klebstoff, klebrig
kleckern, sie kleckerte
der **Klecks,** die Kleckse, klecksen
der **Klee**
das **Kleid,** die Kleider, kleiden, die Kleidung
klein, die Kleinigkeit, kleinlich
der **Kleister**
klemmen, er klemmte, in der Klemme sein
der **Klempner,** die Klempner (34)
die **Klette,** die Kletten
klettern, er kletterte
das **Klima**
klimpern, er klimperte
die **Klinge,** die Klingen
die **Klingel,** die Klingeln, klingeln
klingen, es klang, geklungen, der Klang
die **Klinik,** die Kliniken
die **Klinke,** die Klinken, klinken
die **Klippe,** die Klippen
klirren, es klirrte
klönen* (plaudern), der Klönschnack
klopfen, es klopfte
der **Klops,** die Klopse
das **Klosett,** die Klosetts
der **Kloß,** die Klöße
das **Kloster,** die Klöster
der **Klotz,** die Klötze
der **Klub** (auch: der Club), die Klubs
klug, die Klugheit
der **Klumpen,** die Klumpen
knabbern, er knabberte
der **Knabe,** die Knaben
das **Knäckebrot**
knacken, es knackte, der Knacks
knallen, es knallte, der Knall
knapp
knarren, es knarrte
der **Knatsch*** (Streit)
knattern, es knatterte
das **Knäuel,** die Knäuel
knausern, er knauserte, knaus(e)rig
der **Knebel,** die Knebel
der **Knecht,** die Knechte
kneifen, er kniff
kneten, er knetete
knicken, er knickte, der Knick

der **Knicks,** die Knickse, knicksen
das **Knie,** die Knie, knien
der **Knies*,** der **Kniest*** (Zank)
knipsen, er knipste
der **Knirps,** die Knirpse (34)
knirschen, er knirschte
knistern, es knisterte
knittern, er knitterte
knobeln, sie knobelte
der **Knoblauch**
der **Knochen,** die Knochen, der Knöchel, knochig
der **Knödel*** (Kloß)
die **Knolle,** die Knollen
der **Knopf,** die Knöpfe, knöpfen
der **Knorpel,** die Knorpel
die **Knospe,** die Knospen
der **Knoten,** die Knoten
knüllen, er knüllte
knüpfen, er knüpfte
der **Knüppel,** die Knüppel
knurren, er knurrte
knusprig, knuspern
kochen, sie kochte, der Koch
der **Koffer,** die Koffer
der **Kogel*** (Bergkuppe)
der **Kohl**
die **Kohle,** die Kohlen
die **Kokosnuss,** die Kokosnüsse
der **Kolben,** die Kolben
der **Kollege,** die Kollegen, die Kollegin
die **Kolonne,** die Kolonnen

kombinieren, sie kombinierte, die Kombination
komisch, der Komiker
das **Komma,** die Kommas oder: die Kommata
kommandieren, er kommandierte, der Kommandant, das Kommando
kommen, er kommt, er kam
der **Kommentar,** die Kommentare, kommentieren
der **Kommissar,** die Kommissare
die **Kommode,** die Kommoden
die **Kommunion**
der **Kommunismus,** der Kommunist, kommunistisch
der **Kompass,** die Kompasse
komplett
kompliziert
komponieren, er komponierte, der Komponist
der **Kompost,** die Komposte
das **Kompott,** die Kompotte
der **Kompromiss,** die Kompromisse
die **Konferenz,** die Konferenzen
die **Konfirmation,** der Konfirmand, konfirmieren → Firmung
der **König,** die Könige, die Königin, königlich
können, er kann, er konnte, der Könner

die **Konserve,** die Konserven, konservieren
der **Konsonant,** die Konsonanten
'Consonare' (lateinisch) hieß: mitklingen. Konsonanten wie b, d, f ... klingen nur mit anderen Lauten zusammen. Diese heißen → Vokale (a, e, i, o, u).
der **Kontakt,** die Kontakte
der **Kontinent,** die Kontinente
das **Konto,** die Konten
die **Kontrolle,** die Kontrollen, kontrollieren
konzentrieren, er konzentrierte sich, die Konzentration, konzentriert
das **Konzert,** die Konzerte
der **Kopf,** die Köpfe
die **Kopie,** die Kopien
der **Korb,** die Körbe
die **Kordel,** die Kordeln
der **Korken,** die Korken
das **Korn,** die Körner
der **Körper,** die Körper (1)
der **Korridor,** die Korridore
korrigieren, er korrigierte, die Korrektur
die **Kost** (Nahrung), kosten, köstlich
kosten, es kostete
die **Kosten,** kostbar
das **Kostüm,** die Kostüme, kostümieren
das **Kotelett,** die Koteletts
'Côtelette' (französisch) heißt: Rippchen.
krabbeln, er krabbelte
krachen, es krachte (25), der Krach
krächzen, sie krächzte
die **Kraft,** die Kräfte, kräftig
der **Kragen,** die Kragen
die **Krähe,** die Krähen
krähen, er krähte
die **Kralle,** die Krallen, krallen
der **Kram,** kramen
der **Krampf,** die Krämpfe, krampfhaft, verkrampft
der **Kran,** die Kräne
krank, der Kranke, die Krankheit, das Krankenhaus
kränken, er kränkte
Eine Kränkung kann krank machen.
der **Kranz,** die Kränze
der **Krater,** die Krater
kratzen, sie kratzte
kraulen, er kraulte
kraus, kräuseln
das **Kraut,** die Kräuter
Kraut nennt man Pflanzen, die der Mensch gut brauchen kann. Pflanzen, die weniger brauchbar oder schädlich sind, nennt man auch Unkraut.
die **Krawatte,** die Krawatten
der **Krebs,** die Krebse
der **Kredit,** die Kredite
die **Kreide,** die Kreiden
der **Kreis,** die Kreise, kreisen
kreischen, sie kreischte
der **Kreisel,** die Kreisel
die **Krem** oder: Kreme (auch: die Creme), die Krems

das **Kreuz,** die Kreuze, kreuzen, die Kreuzung
kriechen, er kroch
der **Krieg,** die Kriege
kriegen, sie kriegte
der **Krimi,** die Krimis
kritisch, die Kritik, der Kritiker, kritisieren
kritzeln, er kritzelte
das **Krokodil,** die Krokodile
der **Krokus,** die Krokusse
die **Krone,** die Kronen
kross* (knusprig)
die **Kröte,** die Kröten
die **Krücke,** die Krücken
der **Krug,** die Krüge
die **Krume,** die Krumen, der Krümel, krümeln
krumm, die Krümmung, sich krümmen
der **Krüppel,** die Krüppel
die **Kruste,** die Krusten
die **Küche,** die Küchen
der **Kuchen,** die Kuchen
kucken, er kuckte
der **Kuckuck,** die Kuckucke
die **Kugel,** die Kugeln, kug(e)lig, der Kugelschreiber
die **Kuh,** die Kühe
kühl, kühlen, die Kühlung, der Kühlschrank
kühn, die Kühnheit
das **Küken,** die Küken
die **Kultur,** die Kulturen
der **Kümmel**
der **Kummer,** sich kümmern, bekümmert, kümmerlich
der **Kunde,** die Kunden, die Kundschaft
die **Kunde,** die Sachkunde, die Erdkunde
kündigen, er kündigte, die Kündigung
künftig
die **Kunst,** die Künste, künstlich, der Künstler, der Kunststoff, das Kunstwerk, das Kunststück
kunterbunt
das **Kupfer**
die **Kuppel,** die Kuppeln
die **Kur,** die Kuren
die **Kurbel,** die Kurbeln, kurbeln
der **Kürbis,** die Kürbisse
der **Kurs,** die Kurse
die **Kurve,** die Kurven, kurven, kurvig
kurz, kürzen, die Kürze, die Kürzung, kürzlich, kurzsichtig
die **Kusine** (auch: die Cousine), die Kusinen
küssen, sie küsste, der Kuss
die **Küste,** die Küsten
die **Kutsche,** die Kutschen, kutschieren
der **Kutter,** die Kutter
Kw
Wörter mit Kw gibt es nicht. Schlage unter Qu nach!

A B C D E F G H I J K L M N O P Q R S T U V W X Y Z

L

das **Labor** (eigentlich: Laboratorium), die Labors

lachen, sie lachte (18), das Lachen, das Gelächter, lächeln (18), lächerlich

der **Lachs,** die Lachse

der **Lack,** die Lacke, lackieren

laden, du lädst (auch: du ladest), er lud, die Ladung

der **Laden,** die Läden

die **Lage,** die Lagen → legen

das **Lager,** die Lager, lagern → legen

lahm, gelähmt, die Lähmung

der **Laib** Brot, die Laibe, aber: → Leib

der **Laich,** laichen

der **Laie,** die Laien

das **Laken,** die Laken

die **Lakritze**

das **Lametta**

das **Lamm,** die Lämmer

die **Lampe,** die Lampen

der **Lampion,** die Lampions

das **Land,** die Länder, das Ausland, die Landung

Wer aus dem Wasser oder aus der Luft aufs Land zurückkehrt, landet. – Ein Stück Land ist Gelände, ein größeres Stück Gelände nennen wir Landschaft.

landen, er landete, die Landung → Land

der **Landwirt,** die Landwirte, die Landwirtschaft → Land

lang, die Länge

die **Langeweile,** langweilig

langsam (23)

längst (vor langer Zeit)

der **Lappen,** die Lappen

die **Lärche** (Nadelbaum), die Lärchen, aber: → Lerche

der **Lärm,** lärmen

die **Larve,** die Larven

lassen, er lässt, er ließ

lässig

das **Lasso,** die Lassos

die **Last,** die Lasten, der Lastkraftwagen (LKW oder Lkw), der Laster, lästig

das **Laster,** die Laster

lästern, er lästerte

lästig, belästigen

das **Latein,** lateinisch

die **Laterne,** die Laternen

die **Latte,** die Latten

lau

das **Laub**

die **Laube,** die Lauben

lauern, sie lauerte, auf der Lauer liegen

laufen, sie lief (13), der Lauf, der Läufer

Auch Schiffe 'laufen': Das Schiff läuft vom Stapel, läuft in den Hafen, läuft auf Grund.

die **Laune,** die Launen

die **Laus,** die Läuse

lauschen, er lauschte, der Lauscher

laut sein (25)
der **Laut,** die Laute, lautlos (24), der Lautsprecher
läuten, er läutete, das laute Geläute
die **Lava**
die **Lawine,** die Lawinen
das **Leben,** wir leben, das Erlebnis, die Lebensmittel, lebendig, lebhaft
die **Leber**
der **Lebkuchen,** die Lebkuchen
lechzen, sie lechzte
leck* (undicht), das Leck
lecken, er leckte
lecker, der Leckerbissen
Was man mit Vergnügen leckt, ist lecker.
das **Leder,** ledern
ledig
lediglich
das **Lee*** (Seite, die dem Wind abgekehrt ist)
leer, die Leere, leeren
legen, er legte
Wer im Ringkampf unter einem anderen liegt, ist unterlegen, also der Verlierer. Der andere ist ihm überlegen. Wer niedergelegt wird, erleidet eine Niederlage.
der **Lehm,** lehmig
die **Lehne,** die Lehnen
sich **lehnen,** sie lehnte sich
lehren, er lehrte, der Lehrer, die Lehre
die **Lehrerin,** die Lehrerinnen
Eine Lehrerin oder ein Lehrer lehrt Schüler. Ein Handwerksmeister lehrt seinen 'Lehrling'. Dessen Eltern mussten früher Lehrgeld für die Lehre zahlen.
der **Leib** (Körper), die Leiber, aber: → Laib
das **Leible*** (ärmellose Weste)
die **Leiche,** die Leichen, der Leichnam
leicht, die Leichtigkeit
der **Leichtsinn,** leichtsinnig
leiden, er litt, das Leid, es tut mir Leid
die **Leidenschaft,** die Leidenschaften, leidenschaftlich
leider
leihen, sie lieh, die Leihbücherei
der **Leim,** leimen
die **Leine,** die Leinen
das **Leinen,** das Leintuch
Aus den Fasern der Pflanze Lein, die auch Flachs heißt, wird Stoff gewebt: das Leinen.
leise (24)
die **Leiste,** die Leisten
leisten, sie leistete, die Leistung
leiten, er leitete, der Leiter, die Leitung, einleiten, die Einleitung
die **Leiter,** die Leitern
die **Lektion,** die Lektionen
die **Lektüre,** die Lektüren
lenken, sie lenkte, der Lenker, die Lenkung
die **Lerche** (Vogel), die Lerchen, aber: → Lärche
lernen, er lernte (5)

A B C D E F G H I J K L M N O P Q R S T U V W X Y Z

lesen, sie liest, sie las, der Leser, lesbar, leserlich
im **letzten** Augenblick
leuchten, es leuchtete, der Leuchter, der Leuchtturm
leugnen, er leugnete
die **Leute**
der **Leutnant,** die Leutnants
das **Lexikon,** die Lexika
die **Libelle,** die Libellen
das **Licht,** die Lichter, die Lichtung
Früher gab es auch das Wort 'licht' für 'hell'. Noch heute sagen wir: am lichten Tag; es brennt lichterloh; eine Lichtung im dunklen Wald.
das **Lid** (Augendeckel), die Lider, aber: → Lied
die **Liebe,** die Liebhaberei
lieben, sie liebte, lieb
lieber
das **Lied,** die Lieder, aber: → Lid
liederlich
liefern, er lieferte (20), die Lieferung
liegen, er lag, gelegen → legen
der **Lift,** die Lifte
die **Liga,** die Ligen
lila
die **Lilie,** die Lilien
die **Limonade,** die Limonaden
die **Linde,** die Linden
lindern, er linderte
das **Lineal,** die Lineale
die **Linie,** die Linien
links, linkisch, der Linkshänder → rechts
Die linke Hand ist bei vielen Menschen die ungeschicktere. Wer linkisch ist, ist wie einer 'mit zwei linken Händen'. – Bei einem Linkshänder ist die linke Hand die geschicktere.
das **Linoleum**
die **Linse,** die Linsen
die **Lippe,** die Lippen
lispeln, sie lispelte
die **List,** die Listen, listig
die **Liste,** die Listen
der/ das **Liter,** drei Liter (3 l)
die **Literatur**
die **Litfaßsäule**
Im Jahre 1855 stellte Ernst Litfaß die erste Reklamesäule in Berlin auf.
loben, sie lobte, das Lob
das **Loch,** die Löcher, lochen, löchern, löch(e)rig
die **Locke,** die Locken, lockig
locken, sie lockte
locker, lockern
lodern, es loderte
der **Löffel,** die Löffel, löffeln (17)
die **Logik,** logisch
der **Lohn,** die Löhne, lohnen
das **Lokal,** die Lokale
die **Lokomotive,** die Lokomotiven
die **Lore,** die Loren
los
das **Los,** die Lose, losen
löschen, sie löschte

lose
lösen, er löste, die Lösung
löten, er lötete
der **Lotse,** die Lotsen, lotsen
die **Lotterie,** die Lotterien
das **Lotto**
der **Löwe,** die Löwen
der **Löwenzahn**
die **Lücke,** die Lücken
die **Luft,** die Lüfte, luftig
lüften, er lüftete, die Lüftung
lügen, er log, die Lüge, der Lügner
die **Luke,** die Luken
der **Lümmel,** die Lümmel
der **Lump** (schlechter Mensch), die Lumpen
der **Lumpen** (Lappen), die Lumpen
die **Lunge,** die Lungen
lungern, er lungerte
die **Lupe,** die Lupen
lupfen* (heben)
der **Lurch,** die Lurche
die **Lust,** die Lüste
lustig
lutschen, er lutschte, der Lutscher
lütt* (klein)
das **Luv*** (Seite, die dem Wind zugewandt ist)
Luxemburg, der Luxemburger, luxemburgisch
der **Luxus**

M

machen, sie machte, die Abmachung
die **Macht,** die Mächte, mächtig
die **Macke*** (Fehler)
das **Mädchen,** die Mädchen
die **Made,** die Maden, madig
das **Mädel*** (Mädchen) (34)
die **Madonna,** die Madonnen
ich **mag** (Grundform: mögen)
die **Magd,** die Mägde
der **Magen,** die Mägen oder: die Magen
mager
der **Magnet,** die Magnete, magnetisch
In der griechischen Landschaft Magnesia wurden früher besonders viele dieser Eisensteine gefunden.
mähen, sie mähte, die Mähmaschine, der Mähdrescher
das **Mahl,** die Mahlzeit, aber: → Mal
mahlen, er mahlte Mehl in der Mühle
die **Mahlzeit,** die Mahlzeiten
die **Mähne,** die Mähnen
mahnen, er mahnte, die Mahnung, ermahnen
der **Mai,** das Maiglöckchen
Der Monat heißt vermutlich nach einem Gott Maius. Die Vorfahren der Römer glaubten, er lasse alle Pflanzen wachsen.
der **Mais**

A B C D E F G H I J K L M N O P Q R S T U V W X Y Z

die **Majestät,** majestätisch
der **Major,** die Majore
der **Makel**
der **Makler,** die Makler
mal, komm mal!
das **Mal,** die Male, jedes Mal → Denkmal, aber: → Mahl
malen, der Maler malte Gemälde
das **Malz**
die **Mama,** die Mamas
das **Mammut,** die Mammuts
man, das sieht man; aber: → der Mann
manch, mancher
manchmal
die **Mandarine,** die Mandarinen
die **Mandel,** die Mandeln
die **Manege,** die Manegen
der **Mangel** (Fehler), die Mängel, mangelhaft
die **Mangel** (Glättrolle für Wäsche), die Mangeln
die **Manieren**
der **Mann,** die Männer, die Mannschaft, männlich, aber: → man
Vor vielen hundert Jahren gab es dasselbe Wort für 'Mann' und 'Mensch'. 'Jedermann' und 'niemand' sagen wir noch heute für Mann **und** Frau. Später wurde zwischen 'Mann' und 'Mensch' unterschieden. – Weil der Mann früher mehr öffentliche Tätigkeiten ausübte und für wichtiger galt als die Frau, gab es den Kaufmann, die Mannschaft ...
der **Mantel,** die Mäntel
die **Mappe,** die Mappen
das **Märchen,** die Märchen
der **Marder,** die Marder
die **Margarine**
die **Margerite,** die Margeriten
die **Marine**
die **Mark** (Geld), die Markstücke, die Deutsche Mark (DM)
das **Mark** (in Knochen und Pflanzenstielen)
die **Mark** (Grenzland), der Markstein
die **Marke,** die Marken, markieren
der **Markt,** die Märkte
die **Marmelade,** die Marmeladen
der **Marsch,** die Märsche, marschieren (13)
der **März**
Der Monat heißt nach dem römischen Kriegsgott Mars.
das **Marzipan**
die **Masche,** die Maschen
die **Maschine,** die Maschinen
die **Masern**
die **Maske,** die Masken, maskieren
das **Maskottchen,** die Maskottchen
das **Maß,** die Maße, die Maßnahme, der Maßstab, mäßig
die **Masse,** die Massen, massig
massieren, sie massierte
die **Massage**

der **Mast,** die Masten der Schiffe
die **Mast** (Mästung der Tiere)
das **Material,** die Materialien
die **Mathematik**
die **Matratze,** die Matratzen
der **Matrose,** die Matrosen
matt, ich bin matt
die **Matte,** die Matten
die **Mauer,** die Mauern, mauern, der Maurer
'Murus' (lateinisch) hieß: Mauer. Als die Germanen von den Römern Steinhäuser kennen lernten, übernahmen sie auch Fachausdrücke. → Fenster
das **Maul,** die Mäuler
der **Maulwurf,** die Maulwürfe
Das Tier hieß früher 'muwerfer': 'Mu' nannte man Haufen.
die **Maus,** die Mäuse
der **Mechaniker,** die Mechaniker, mechanisch
meckern, sie meckerte
Mecklenburg-Vorpommern, der Mecklenburger, mecklenburgisch, der Pommer, pommerisch (auch: pommersch)
die **Medaille,** die Medaillen
das **Medikament,** die Medikamente → Medizin
die **Medizin,** der Mediziner, medizinisch
'Medicus' (lateinisch) hieß: Arzt
das **Meer,** die Meere
der **Meerrettich,** die Meerrettiche
das **Mehl** → mahlen
mehr, mehrere, mehrmals, die Mehrheit, die Mehrzahl
meiden, sie mied
die **Meile,** die Meilen
'Mille' (lateinisch) hieß: tausend. Eine Strecke von tausend Doppelschritten nannten die Römer 'milia'.
mein, meinetwegen
der **Meineid,** die Meineide
meinen, sie meinte (15), die Meinung
meinetwegen
die **Meise,** die Meisen
der **Meißel,** die Meißel, meißeln
meist, meistens, am meisten
der **Meister,** die Meister, die Meisterschaft, meistern, meisterhaft, meisterlich
melden, er meldete, die Meldung
melken, sie molk (auch: sie melkte), gemolken, die Molkerei
die **Melodie,** die Melodien
die **Melone,** die Melonen
die **Menge,** die Mengen
der **Mensch,** die Menschen, die Menschheit, menschlich
merken, er merkte, merkwürdig, das Merkmal
die **Messe,** die Messen (1. katholische Feier, 2. Verkaufsausstellung, 3. Jahrmarkt)

A B C D E F G H I J K L M N O P Q R S T U V W X Y Z

messen, er misst, er maß, gemessen, miss!
das **Messer,** die Messer
das **Messing**
das **Metall,** die Metalle, metallisch
der **Meteor,** die Meteore
die **Meteorologie,** der Meteorologe
der/ das **Meter,** drei Meter (3 m), meterhoch
die **Methode,** die Methoden
die **Mettwurst,** die Mettwürste
metzgen* (schlachten)
der **Metzger*** (Fleischer), die Metzger (34), die Metzgerei
meutern, er meuterte, die Meuterei, der Meuterer
mich, ich freue mich
die **Mickymaus**
der **Mief**
die **Miene** (Gesichtsausdruck), die Mienen, aber: → Mine
die **Miete,** die Mieten, mieten, der Mieter
das **Mikrofon/Mikrophon** (39)
das **Mikroskop,** die Mikroskope
die **Milch,** milchig
mild, die Milde, mildern
das **Milieu** (sprich: Milljöh)
das **Militär**
die **Milliarde,** drei Milliarden (3 Md. oder 3 Mrd.)
das **Milligramm** (mg) → Meile
der/ das **Millimeter,** drei Millimeter (3 mm) → Meile
die **Million,** drei Millionen (3 Mill. oder 3 Mio.), der Millionär → Meile
minder, die Minderheit
mindestens
die **Mine,** die Minen (1. Bleistiftmine, 2. Bergwerk, 3. Sprengkörper), aber: → Miene
der **Minister,** die Minister
minus
die **Minute,** die Minuten
mir gefällt das
mischen, sie mischte, die Mischung, das Gemisch
miss...
Die Vorsilbe miss- drückt immer das Verkehrte, Falsche und Verschiedene aus. Beispiel: Erfolg → Misserfolg.
die **Missachtung** → miss...
der **Misserfolg,** die Misserfolge → miss...
die **Missgeburt,** die Missgeburten → miss...
misshandeln, die Misshandlung → miss...
er **misst** (Grundform: messen), aber: der → Mist
misstrauen, das Misstrauen → miss...
missverstehen, das Missverständnis → miss...
der **Mist,** aber: er → misst
mit, der Mitarbeiter, das Mitglied, das Mitleid,

mitleidig, miteinander

der **Mittag** (Mitte des Tages), die Mittage, am Mittag, eines Mittags, heute Mittag, mittags, das Mittagessen

die **Mitte,** die Mitten, der Mittelpunkt, die Mitternacht, mitten im Zimmer

mitteilen, sie teilte mit, die Mitteilung

das **Mittel,** die Mittel

mittlerweile

der **Mittwoch,** die Mittwoche, mittwochs, am Mittwoch

Die Germanen nannten den Tag nach ihrem Gott Wodan 'Wodanstag'. Als die Germanen zu Christen wurden, erfand die Kirche den neuen Namen Mittwoch (Mitte der Woche).

mixen, er mixte, der Mixer

die **Möbel,** möblieren, der Möbelwagen

der **Modder*** (Morast)

die **Mode,** die Moden, altmodisch → modern

das **Modell,** die Modelle

der **Moder,** modern (erste Silbe betont: verfaulen)

modern (zweite Silbe betont)

das **Mofa,** die Mofas

mogeln, sie mogelte

mögen, sie mag, sie mochte

möglich, die Möglichkeit

möglichst

der **Mohn**

die **Möhre*** (Karotte), die Möhren, die Mohrrübe (34)

der **Molch,** die Molche

die **Mole,** die Molen

die **Molkerei,** die Molkereien

mollig

der **Moment,** die Momente

der **Monat,** die Monate, monatlich → Montag

'Monat' ist verwandt mit dem Wort 'Mond'. Unsere Vorfahren nannten den Monat sogar 'Mond': nach dem Zeitraum eines Mondumlaufs um die Erde (27½ Tage).

der **Mond,** die Monde → Monat → Montag

die **Moneten**

der **Montag,** die Montage, am Montag, montags → Monat

Unsere Vorfahren sagten: 'Mondtag', meinten also 'Tag des Mondes'.

das **Moor,** die Moore, moorig

das **Moos**

das **Moped,** die Mopeds

die **Moral**

der **Mord,** die Morde, morden, der Mörder

morgen früh

der **Morgen,** die Morgen, am Morgen, eines Morgens, heute Morgen, morgens, guten Morgen!

der **Morgen,** die Morgen

Ein 'Morgen' Land war früher so viel Land, wie ein Mann mit einem Pferde- oder Ochsengespann an einem Morgen umpflügen konnte.

A B C D E F G H I J K L M N O P Q R S T U V W X Y Z

morsch
der **Mörtel**
das **Mosaik,** die Mosaiken
die **Moschee,** die Moscheen
der **Most,** die Moste
der **Mostrich*** (Senf)
der **Motor,** die Motoren
das **Motorrad,** die Motorräder
die **Motte,** die Motten
die **Möwe,** die Möwen
die **Mücke,** die Mücken
müde, die Müdigkeit
die **Mühe,** die Mühen, sich mühen, mühsam
die **Mühle,** die Mühlen → mahlen
die **Mulde,** die Mulden
der **Müll,** der Mülleimer, die Müllabfuhr (29)
der **Müller,** die Müller
multiplizieren, sie multiplizierte
der **Mund,** die Münder, mündlich, münden, Mündung
die **Munition**
die **Münze,** die Münzen
mürbe
die **Murmel,** die Murmeln (34)
murmeln, sie murmelte
murren, sie murrte, mürrisch
das **Mus** → Gemüse
die **Muschel,** die Muscheln
das **Museum,** die Museen
die **Musik,** musizieren, musikalisch
der **Muskel,** die Muskeln, muskulös
ich **muss**
die **Muße,** müßig
müssen, er musste
das **Muster,** die Muster, mustern
der **Mut,** mutig
die **Mutter,** die Mütter, mütterlich
die **Mutter** (für die Schraube), die Muttern
die **Mütze,** die Mützen

N

die **Nabe,** die Naben
der **Nabel,** die Nabel
nach dem Essen
nachahmen, er ahmte nach
der **Nachbar,** die Nachbarn, die Nachbarschaft
Das Wort hieß bei den Germanen 'nachgebur' und bedeutete: naher Bauer.
je **nachdem**
nacheinander
die **Nacherzählung,** die Nacherzählungen
nachgeben, nachgiebig
nach Hause gehen
nachlässig
der **Nachmittag,** die Nachmittage, nachmittags
die **Nachricht,** die Nachrichten, benachrichtigen
der **nächste** Tag
die **Nacht,** die Nächte, heute Nacht, nachts, nächtlich
Unsere Vorfahren rechneten nicht nach Tagen, sondern nach Nächten. Sie sagten nicht 'vierzehn Tage', sondern 'vierzehn Nächte'. Das sagen die Engländer heute noch.
der **Nachteil,** die Nachteile
die **Nachtigall,** die Nachtigallen
der **Nachtisch** (beim Essen)
nachträglich, der Nachtrag
der **Nachttisch** (am Bett), die Nachttische
der **Nacken,** die Nacken
nackt, nackend
die **Nadel,** die Nadeln
der **Nagel,** die Nägel, nageln
nagen, er nagte
nah, die Nähe, nähern
nähen, er nähte
nähren, ernähren
die **Nahrung,** nahrhaft (2)
die **Naht,** die Nähte
naiv, die Naivität
der **Name,** die Namen
nämlich
Das Wort bedeutet: 'um es genauer beim Namen zu nennen'.
der **Napf,** die Näpfe
die **Narbe,** die Narben
die **Narkose,** die Narkosen
der **Narr,** die Narren, närrisch
die **Narzisse,** die Narzissen
naschen, er naschte (34)
die **Nase,** die Nasen
naseweis
das **Nashorn,** die Nashörner
nass, die Nässe
das **Nastuch*** (Taschentuch)
die **Nation,** die Nationen, national
die **Natur,** natürlich
der **Nebel,** die Nebel, neb(e)lig
neben, nebeneinander, die Nebensache
necken, sie neckte
der **Neffe,** die Neffen
negativ, das Negativ

A B C D E F G H I J K L M N O P Q R S T U V W X Y Z

der **Neger,** die Neger
'Nègre' (französisch) heißt: schwarz. Heute gebrauchen wir das deutsche Wort: → Schwarze

nehmen, er nimmt, er nahm, genommen, nimm! (31)

der **Neid,** neidisch

neigen, sie neigte, die Neigung

nein, Nein/nein sagen

die **Nelke,** die Nelken

nennen, er nannte

das **Neon,** das Neonlicht

der **Nerv,** die Nerven

nervös, die Nervosität

die **Nessel,** die Nesseln

das **Nest,** die Nester

nett

netto

das **Netz,** die Netze

neu, die Neuigkeit

die **Neugier** oder: die Neugierde, neugierig

neulich

neun, neunzehn, neunzig, neunmal

nicht

die **Nichte,** die Nichten

nichts, gar nichts

nicken, sie nickte

nie wieder!

nieder, auf und nieder, die → Niederlande, die Niederung, die Niederlage → legen

die **Niederlande,** der Niederländer, niederländisch
Holland oder Niederlande: niedrig gelegenes Land. Ein Teil Hollands liegt sogar tiefer als der Meeresspiegel.

Niedersachsen, der Niedersachse, niedersächsisch

der **Niederschlag,** die Niederschläge

niedlich

niedrig → Niederlande

niemals

niemand → Mann

die **Niere,** die Nieren

niesen, er nieste, geniest

die **Niete,** die Nieten (1. Los ohne Gewinn, 2. Metallstift)

der **Nikolaus**

das **Nikotin**

das **Nilpferd,** die Nilpferde

nirgends, nirgendwo

die **Nische,** die Nischen

nisten, er nistete

die **Nixe,** die Nixen

noch, noch einmal

das **Nomen,** die Nomen (37)

der **Nominativ**

der **Norden,** nördlich, der Nordpol

Nordrhein-Westfalen, der Nordrhein-Westfale, nordrhein-westfälisch

die **Nordsee** (die See im Norden)

nörgeln, er nörgelte

normal

A B C D E F G H I J K L M N O P Q R S T U V W X Y Z

Norwegen, der Norweger, norwegisch

die **Not,** die Nöte, die Notlandung, die Notlüge, notwendig, nötig

Wer angegriffen wird und sich verteidigt, wehrt sich aus Not: aus Notwehr. Er tut es, um die Not zu wenden: Es ist notwendig (nötig).

die **Note,** die Noten (1. Tonzeichen in der Musik, 2. Zensur in der Schule, 3. Banknote)

notieren, er notierte

nötig

die **Notiz,** die Notizen

notwendig, die Notwendigkeit → Not

der **November** → Oktober

'Novem' (lateinisch) hieß: neun. Bei den alten Römern war der November der neunte Monat.

im **Nu**

nüchtern

die **Nudel,** die Nudeln

null Fehler

die **Null,** die Nullen

die **Nummer,** die Nummern

nummerieren, sie nummerierte

nun

nur

die **Nuss,** die Nüsse

der **Nutzen,** wir nutzen es

nützen, es nützte

nützlich

das **Nylon**

O

ob, obgleich

oben, oberhalb

der **Ober,** die Ober

die **Oberfläche,** die Oberflächen, oberflächlich

das **Objekt,** die Objekte

die **Oblate,** die Oblaten

das **Obst**

obwohl

der **Ochse,** die Ochsen

öde

der **Odel*** (Jauche)

oder

der **Ofen,** die Öfen

offen, offensichtlich

öffentlich

der **Offizier,** die Offiziere

öffnen, er öffnete, die Öffnung

oft

ohne

die **Ohnmacht,** ohnmächtig

das **Ohr,** die Ohren

die **Ohrfeige,** die Ohrfeigen (34)

Die Feige war früher ein Arzneimittel. Freche Kinder kriegten als 'Arznei' Schläge ans Ohr.

okay, kurz: o.k.

die **Ökologie**

der **Oktober** → November

'Octo' (lateinisch) hieß: acht. Für die alten Römer war der Oktober der achte Monat.

das **Öl,** die Öle, ölen, ölig

die **Olive,** die Oliven

A B C D E F G H I J K L M N O P Q R S T U V W X Y Z

die **Olympiade,** die Olympiaden, die Olympischen Spiele
die **Oma,** die Omas
der **Omnibus,** die Omnibusse
'Omnibus' (lateinisch) hieß: für alle.
der **Onkel,** die Onkel oder: die Onkels
der **Opa,** die Opas
die **Oper,** die Opern
die **Operation,** die Operationen, operieren
das **Opfer,** die Opfer, opfern
die **Optik,** der Optiker
der **Optimismus,** der Optimist, optimistisch
orange (Farbe)
die **Orange,** die Orangen
das **Orchester,** die Orchester
ordnen, sie ordnete, ordentlich, die Ordnung
die **Organisation,** die Organisationen, organisieren
die **Orgel,** die Orgeln
das **Original,** die Originale
der **Orkan,** die Orkane
der **Ort,** die Orte, die Ortschaft, örtlich
der **Osten,** östlich
Ostern, österlich
Österreich, der Österreicher, österreichisch
die **Ostsee** (die See im Osten)
oval
der **Ozean,** die Ozeane

P

ein **paar** Tage lang
das **Paar** Schuhe, zwei Paare, ein Pärchen
die **Pacht,** die Pachten, der Pächter, pachten
packen, sie packte, einpacken, auspacken, der Packen, das Päckchen
Ein Pack oder Packen ist ein Bündel. Wer einen Packen fertig macht, der packt ihn.
das **Paddel,** die Paddel, paddeln
das **Paket,** die Pakete, aber: packen → Gepäck
der **Palast,** die Paläste
die **Palme,** die Palmen
die **Pampe*** (Schlamm)
die **Pampelmuse,** die Pampelmusen
die **Panik**
die **Panne,** die Pannen
der **Panter/Panther,** die Panter
der **Pantoffel,** die Pantoffeln (34)
der **Panzer,** die Panzer, gepanzert
der **Papa,** die Papas
der **Papagei,** die Papageien
das **Papier,** die Papiere
die **Pappe,** die Pappen
Der Papp ist ein Brei. Pappe wurde früher hergestellt, indem Papierschichten mit Klebebrei übereinander geklebt wurden.

die **Pappel,** die Pappeln
der **Paprika,** die Paprikaschote
der **Papst,** die Päpste
das **Paradies,** die Paradiese
der **Paragraf/Paragraph** (39)
parallel
der **Parasit,** die Parasiten
das **Parfüm,** die Parfüms
parieren, er parierte
der **Park,** die Parks oder: die Parke
parken, er parkte
das **Parlament,** die Parlamente
die **Parole,** die Parolen
die **Partei,** die Parteien, parteiisch
das **Parterre**
der **Partner,** die Partner
der **Pass,** die Pässe (1. Personalausweis, 2. Bergübergang)
der **Passagier,** die Passagiere
passen, es passte
passieren, es passierte
passiv
die **Paste,** die Pasten
der **Pastor,** die Pastoren
'Pastor' (lateinisch) hieß: Hirte.
der **Pate,** die Paten
das **Patent,** die Patente
der **Patient,** die Patienten
die **Patrone,** die Patronen
die **Pauke,** die Pauken, pauken
die **Pause,** die Pausen
pausen, er pauste, durchpausen, das Pauspapier
der **Pavian,** die Paviane
das **Pech,** der Pechvogel
das **Pedal,** die Pedale
der **Pegel**
peilen, er peilte
die **Pein,** peinigen, der Peiniger, peinlich
die **Peitsche,** die Peitschen
die **Pelle,** die Pellen, pellen
der **Pelz,** die Pelze, pelzig
das **Pendel,** die Pendel, pendeln
die **Pension,** die Pensionen
perfekt
die **Periode,** die Perioden
die **Perle,** die Perlen
das **Perlon**
die **Person,** die Personen, die Persönlichkeit, das Personal, persönlich
die **Perücke,** die Perücken
der **Pessimismus,** der Pessimist, pessimistisch
die **Petersilie**
das **Petroleum**
petzen, er petzte
der **Pfad,** die Pfade
der **Pfahl,** die Pfähle
die **Pfalz,** der Pfälzer, pfälzisch
das **Pfand,** die Pfänder, pfänden
die **Pfanne,** die Pfannen
der **Pfarrer,** die Pfarrer

A B C D E F G H I J K L M N O P Q R S T U V W X Y Z

der **Pfau,** die Pfauen
pfauchen/fauchen
der **Pfeffer,** das Pfefferkorn
die **Pfefferminze**
die **Pfeife,** die Pfeifen, pfeifen, er pfiff
'Pipa' nannten die Römer eine Flöte. Daraus machten die Germanen 'pfifa'.
der **Pfeil,** die Pfeile
der **Pfeiler,** die Pfeiler
der **Pfennig,** die Pfennige (Pf.)
das **Pferd,** die Pferde (34)
Die Germanen nannten ihr Pferd 'ros' und 'gul'. Daraus wurde 'Ross' und 'Gaul'. Die römischen Postpferde nannten sie 'pfärfrit'.
der **Pfiff,** die Pfiffe → Pfeife
Pfingsten
der **Pfirsich,** die Pfirsiche
die **Pflanze,** die Pflanzen, pflanzen (11) (12)
das **Pflaster,** die Pflaster (1. Wundpflaster, 2. Steinpflaster)
die **Pflaume,** die Pflaumen
pflegen, sie pflegte, die Pflege
die **Pflicht,** die Pflichten
pflücken, er pflückte
der **Pflug,** die Pflüge, pflügen
die **Pforte,** die Pforten, der Pförtner
der **Pfosten,** die Pfosten
die **Pfote,** die Pfoten
der **Pfropfen,** die Pfropfen
pfui
das **Pfund,** die Pfunde (Pfd.)
pfuschen, er pfuschte (34)

die **Pfütze,** die Pfützen
die **Phantasie/Fantasie** (39)
das **Phantom,** die Phantome
das **Photo/Foto**
die **Physik,** physikalisch
der **Pickel,** die Pickel
picken, sie pickte
das **Picknick**
piepen, er piepte, piepsen → Pfeife
pikant
die **Pille,** die Pillen
der **Pilot,** die Piloten
der **Pilz,** die Pilze
der **Pinguin,** die Pinguine
die **Pinnwand**
der **Pinsel,** die Pinsel, pinseln
die **Pinzette,** die Pinzetten
'Pincette' (französisch) heißt: kleine Zange.
der **Pirat,** die Piraten
pirschen, er pirschte, die Pirsch
die **Piste,** die Pisten
die **Pistole,** die Pistolen
die **Pizza,** die Pizzas oder: die Pizzen
die **Plage,** die Plagen, plagen
das **Plakat,** die Plakate
die **Plakette,** die Plaketten
der **Plan,** die Pläne, planen
die **Plane,** die Planen
der **Planet,** die Planeten
planschen, sie planschte
plantschen, sie plantschte
plappern, er plapperte (15)

A B C D E F G H I J K L M N O P Q R S T U V W X Y Z

das **Plastik**
plätschern, er plätscherte
platt, die Platte, plätten, er hat einen Platten
das **Platt,** er spricht Platt
der **Platz,** die Plätze
platzen, er platzte
plaudern, sie plauderte, die Plauderei
die **Pleite,** die Pleiten, er ist pleite, er macht Pleite
die **Plombe,** die Plomben (1. Versiegelung, 2. Zahnfüllung)
plötzlich
plump
der **Plunder,** die Plünderung, der Plünderer, plündern
'Plunder' nannte man früher Kleider, Wäsche, Bettzeug. Wer das raubte, plünderte.
der **Plural** (37)
plus
pochen, sie pochte
die **Pocke,** die Pocken
die **Poesie,** das Poesiealbum
der **Pokal,** die Pokale
der **Pol,** die Pole
Polen, der Pole, polnisch
polieren, er polierte
die **Politik,** der Politiker, politisch
die **Polizei,** der Polizist
der **Pollen**
das **Polster,** die Polster, polstern
poltern, er polterte
Pommern, der Pommer, pommerisch (auch: pommersch)
das **Pony,** die Ponys (1. Pferdchen, 2. Pferdchenfrisur)
der **Popo,** die Popos
die **Pore,** die Poren
das **Portemonnaie/Portmonee** (39)
die **Portion,** die Portionen
das **Porto,** die Porti
Portugal, der Portugiese, portugiesisch
das **Porzellan**
positiv
die **Post,** der Postbote, die Postkarte
der **Posten,** die Posten
die **Pracht,** prächtig
das **Prädikat,** die Prädikate
prägen, er prägte
prahlen, sie prahlte
praktisch
die **Praline,** die Pralinen
prall
die **Pranke,** die Pranken
das **Präsens** (37)
der **Präsident,** die Präsidenten, die Präsidentin
prasseln, es prasselte
die **Praxis,** die Praxen
predigen, er predigte, die Predigt
der **Preis,** die Preise
die **Preiselbeere,** die Preiselbeeren
preisen, sie pries
prellen, er prellte, die Prellung

A B C D E F G H I J K L M N O P Q R S T U V W X Y Z

die **Presse** (Zeitungswesen)
pressen, sie presste, die Presse
der **Priester,** die Priester
prima
die **Primel,** die Primeln
der **Prinz,** die Prinzen, die Prinzessin
privat
die **Probe,** die Proben, proben
probieren, er probierte (17)
das **Problem,** die Probleme
produzieren, er produzierte, das Produkt
der **Professor,** die Professoren, die Professorin
das **Programm,** die Programme
der **Projektor,** die Projektoren, projizieren
prompt
das **Pronomen,** die Pronomen (37)
der **Propeller,** die Propeller
der **Prophet,** die Propheten
der **Prospekt,** die Prospekte
der **Protest,** die Proteste, protestieren
die **Prothese,** die Prothesen
das **Protokoll,** die Protokolle
der **Proviant**
das **Prozent,** die Prozente
der **Prozess,** die Prozesse
prüfen, sie prüfte, die Prüfung
prügeln, er prügelte, die Prügel, die Prügelei
prusten, sie prustete
der **Psalm,** die Psalmen
die **Pubertät**
das **Publikum**
der **Pudding,** die Puddinge oder: die Puddings
der **Pudel,** die Pudel
der **Puder,** pudern
der **Puffer,** die Puffer
der **Pullover,** die Pullover
'Pull over' (englisch) heißt: zieh über.
der **Puls,** die Pulse
das **Pult,** die Pulte
das **Pulver,** die Pulver
die **Pumpe,** die Pumpen, pumpen
der **Punkt,** die Punkte, pünktlich
die **Pupille,** die Pupillen
die **Puppe,** die Puppen
purzeln, er purzelte
pusten, sie pustete, die Puste
putzen, er putzte, der Putz, die Putzfrau
der **Putzlappen*,** der **Putzlumpen*** (Scheuertuch, Aufnehmer)
der **Pyjama,** die Pyjamas
die **Pyramide,** die Pyramiden

Q

das **Quadrat,** die Quadrate, quadratisch
'Quadrus' (lateinisch) hieß: viereckig.
quaken, er quakte
die **Qual,** die Qualen, quälen (21)
die **Qualität,** die Qualitäten
die **Qualle,** die Quallen
der **Qualm,** qualmen
der **Quark*** (Weißkäse)
das **Quartett,** die Quartette
'Quartus' (lateinisch) hieß: der Vierte.
das **Quartier,** die Quartiere
quasseln, er quasselte
quatschen, er quatschte, der Quatsch
das **Quecksilber**
die **Quelle,** die Quellen, quellen
quer, der Querschnitt
quetschen, er quetschte, die Quetschung
quieken, es quiekte
quietschen, es quietschte
der **Quirl,** die Quirle, quirlen
die **Quittung,** die Quittungen, quittieren, wir sind quitt
das **Quiz**

R

der **Rabatt**
der **Rabe,** die Raben
die **Rache,** rächen, der Rächer
der **Rachen,** die Rachen
das **Rad,** die Räder, der Radfahrer, Rad fahren, ich fahre Rad (7)
der/ das **Radar**
der **Radi*** (Rettich)
radieren, sie radierte, der Radierer, der Radiergummi
das **Radieschen,** die Radieschen
radikal
das **Radio,** die Radios
raffiniert
ragen, es ragte hervor
der **Rahm*** (Sahne)
der **Rahmen,** die Rahmen, einrahmen
die **Rakete,** die Raketen
rammen, er rammte
die **Rampe,** die Rampen
der **Rand,** die Ränder
der **Rang,** die Ränge
rangeln* (raufen)
die **Ranke,** die Ranken
der **Ranzen,** die Ranzen (34)
ranzig
der **Rappe,** die Rappen
Ein fuchsrotes Pferd nennt man 'Fuchs'. Ein rabenschwarzes hieß früher 'Rabe'. Daraus wurde 'Rappe'.

A B C D E F G H I J K L M N O P Q R S T U V W X Y Z

der **Raps**
rar, die Rarität
rasch (22)
rascheln, es raschelte
rasen, sie raste
der **Rasen,** die Rasen
rasieren, er rasierte
die **Rasse,** die Rassen
die **Rassel,** die Rasseln, rasseln
die **Rast,** die Rasten, rasten, die Raststätte
der **Rat,** die Ratschläge, raten, ich rate dir → Vorrat
Im Rathaus beraten die Mitglieder des Stadt- oder Gemeinderates; ein guter Rat.
die **Rate,** die Raten
raten, er rät, er riet
das **Rätsel,** die Rätsel, raten
die **Ratte,** die Ratten
rattern, sie ratterte
der **Ratz*** (Ratte)
rau, der Raureif
der **Raub,** rauben, der Räuber, das Raubtier
der **Rauch,** rauchen, der Raucher
räuchern, er räucherte
Fleisch wurde haltbar, wenn man es über den Herd hängte, wo der Rauch in den Schornstein abzog.
raufen, er raufte
der **Raum,** die Räume, räumen, das Raumschiff
die **Raupe,** die Raupen
raus
rauschen, es rauschte
sich **räuspern,** er räusperte sich
die **Razzia,** die Razzien
reagieren, sie reagierte
die **Realschule,** die Realschulen
die **Rebe,** die Reben
der **Rechen*** (Harke) (34)
rechnen, sie rechnete, das Rechnen, die Rechnung, der Rechner
recht, erst recht
Bei den Germanen bedeutete 'recht': gerade. Noch heute steckt diese Bedeutung in 'aufrecht', 'senkrecht', 'waagerecht', 'Rechteck'. Später meinten unsere Vorfahren damit auch 'richtig': Eine schön gerade gebaute Wand ist 'richtig' gebaut.
das **Recht,** ich bin im Recht; sie hat Recht, die Rechtschreibung, der Rechtsanwalt → recht
'Recht' ist das Richtige, das im → Gesetz aufgeschrieben ist.
das **Rechteck,** die Rechtecke
rechts → links
Alles an unserer rechten Seite galt seit Tausenden von Jahren als stärker und vornehmer. Noch heute muss man vor Gericht die rechte Hand heben, wenn man etwas beschwört.
rechtzeitig, zur rechten Zeit → recht
das **Reck,** die Recke oder: die Recks
recken, sie reckte

die **Rede,** die Reden,
reden (15), der Redner
redlich
reformieren, er reformierte, die Reform, die Reformation
'Reformare' (lateinisch) hieß etwa: erneuern.
das **Regal,** die Regale
rege
die **Regel,** die Regeln, die Regelung, regelmäßig, regelrecht
regeln, er regelte
regen, sie regte sich, die Regung
der **Regen,** regnen
regieren, er regierte, die Regierung
regnen, es regnete, der Regen (9) (34)
das **Reh,** die Rehe
reiben, sie rieb, die Reibe, die Reibung
reich, der Reichtum, der Reiche, reichlich, reichhaltig
das **Reich,** die Reiche
reichen, es reichte
reif, reifen, die Reife
der **Reif** (Ring), die Reife
der **Reif** (Raureif)
der **Reifen,** die Reifen
die **Reihe,** die Reihen
der **Reim,** die Reime, reimen
rein, reinigen, die Reinigung, die Reinheit
der **Reis**
reisen, er reiste ab, die Reise
das **Reisig**
reißen, sie riss, gerissen, der Riss, abreißen, zerreißen (16)
reiten, er ritt, der Reiter, der Ritt
reizen, sie reizte, reizend, der Reiz
die **Reklame**
der **Rekord,** die Rekorde
der **Rektor,** die Rektoren, die Rektorin
die **Religion,** die Religionen, religiös
die **Reliquie,** die Reliquien
rempeln, er rempelte
rennen, er rannte (13), das Rennen
renovieren, sie renovierte, die Renovierung
die **Rente,** die Renten, der Rentner, die Rentnerin
reparieren, sie reparierte, die Reparatur
der **Reporter,** die Reporter, die Reportage
das **Reptil,** die Reptilien
die **Republik,** die Republiken
reservieren, sie reservierte, die Reserve
der **Respekt**
der **Rest,** die Reste
das **Restaurant,** die Restaurants

A B C D E F G H I J K L M N O P Q R S T U V W X Y Z

das **Resultat,** die Resultate
retten, sie rettete, die Rettung, der Retter
der **Rettich,** die Rettiche
die **Reue,** reuen, es reute mich, reumütig
das **Revier,** die Reviere
die **Revolution,** die Revolutionen, der Revolutionär
das **Rezept,** die Rezepte
Früher gab es kaum fertige Arzneien, sondern der Apotheker machte sie. Der Arzt gab auf einem Papier die Anweisung. Wenn der Apotheker den Auftrag erledigt hatte, schrieb er auf die Anweisung: 'receptum'. Das hieß so viel wie 'erledigt'.
der **Rhabarber**
der **Rhein**
Rheinland-Pfalz, der Rheinland-Pfälzer, rheinland-pfälzisch
der **Rhythmus,** die Rhythmen, rhythmisch
richten, sie richtete
Wer nach dem → Recht im Gesetzbuch urteilt, ist ein Richter und richtet.
'Richten' heißt aber auch so viel wie 'gerade machen'. Wir sagen: 'aufrichten', 'errichten' und 'Richtfest'. → recht
richtig → recht
die **Richtung,** die Richtungen
das **Rick*** (Gestell)
riechen, er roch
die **Riege,** die Riegen
der **Riegel,** die Riegel
der **Riemen,** die Riemen
der **Riese,** die Riesen, riesig
rieseln, es rieselte
die **Rille,** die Rillen
das **Rind,** die Rinder
die **Rinde,** die Rinden
der **Ring,** die Ringe
ringen, er rang, gerungen, der Ringkampf
rings, ringsumher
die **Rinne,** die Rinnen, rinnen
die **Rippe,** die Rippen
das **Risiko,** die Risikos oder: die Risiken
riskieren, sie riskierte, riskant
es **riss** (Grundform: reißen)
der **Riss,** die Risse
der **Ritt,** die Ritte, rittlings
der **Ritter,** die Ritter, ritterlich
ritzen, er ritzte, die Ritze
der **Roboter,** die Roboter
röcheln, sie röchelte
der **Rock,** die Röcke
rodeln, sie rodelte
roden, er rodete
der **Roggen**
roh, die Rohheit
das **Rohr,** die Rohre, die Röhre, das Wasserrohr
die **Rolle,** die Rollen
rollen, sie rollte, der Roller
der **Rollladen,** die Rollläden oder: die Rollladen
das **Rollo,** die Rollos
der **Roman,** die Romane
romantisch

röntgen, er wurde geröntgt
Der Mann, der die Strahlen entdeckte, mit denen man Menschen 'durchleuchten' kann, hieß Röntgen.
die **Röntgenuntersuchung**
rosa
die **Rose,** die Rosen, rosig
die **Rosine,** die Rosinen
das **Ross,** die Rosse oder: die Rösser (34) → Pferd
der **Rost** (rostiges Eisen), rosten, rostig
der **Rost** (Gitter über dem Feuer), die Roste, rösten
rot, das Rote Kreuz, das Rotkehlchen
die **Rübe,** die Rüben
der **Ruck,** rucken, ruckartig (22)
rücken, sie rückte
der **Rücken,** die Rücken, die Rückfahrt, die Rückkehr, das Rücklicht, der Rücktritt
Was wir beim Gehen hinter uns liegen lassen, bleibt hinter unserem Rücken zurück: Es liegt rückwärtig.
der **Rucksack,** die Rucksäcke
die **Rücksicht,** die Rücksichten, rücksichtslos
rückwärts → Rücken
der **Rüde,** die Rüden
das **Rudel,** die Rudel
das **Ruder,** die Ruder, rudern, der Ruderer
rufen, er rief, der Ruf
die **Rüge,** die Rügen, rügen
die **Ruhe,** ruhen, ruhig
der **Ruhm,** rühmen, berühmt
die **Ruhr,** das Ruhrgebiet
rühren, er rührte, rührend, die Rührung, das Rührei
'Rühren' bedeutet so viel wie 'bewegen'. Wenn uns eine Geschichte innerlich bewegt, sind wir gerührt.
Rumänien, der Rumäne, rumänisch
der **Rummel**
der **Rumpf,** die Rümpfe
rümpfen, sie rümpfte
rund, die Rundung, die Runde, der Rundfunk, rundherum
runter
die **Runzel,** die Runzeln, runzeln, runz(e)lig
der **Rüpel,** die Rüpel
rupfen, er rupfte
der **Ruß,** rußen, rußig
der **Rüssel,** die Rüssel
Russland, der Russe, russisch
rüsten, er rüstete, die Rüstung, die Abrüstung, die Aufrüstung
rüstig
die **Rute,** die Ruten
die **Rutsche,** die Rutschen, rutschen (34), rutschig
rütteln, er rüttelte

A B C D E F G H I J K L M N O P Q R S T U V W X Y Z

A B C D E F G H I J K L M N O P Q R S T U V W X Y Z

S

der **Saal,** die Säle
das **Saarland,** der Saarländer, saarländisch
die **Saat,** die Saaten
die **Sache,** die Sachen, sachlich
die **Sachkunde**
Sachsen, der Sachse, sächsisch
Sachsen-Anhalt, der Sachsen-Anhalter, ein Sachsen-Anhalter Dorf
der **Sachunterricht**
der **Sack,** die Säcke
säen, er säte
der **Saft,** die Säfte, saftig
die **Sage,** die Sagen
sagen, sie sagte (15)
sägen, er sägte, die Säge
die **Sahne,** sahnig
die **Saison,** die Saisons
die **Saite,** die Saiten der Gitarre, aber: → Seite
der **Salamander,** die Salamander
die **Salami,** die Salamis
der **Salat,** die Salate
die **Salbe,** die Salben, salben
der **Salto,** die Saltos oder: die Salti
das **Salz,** die Salze, salzig
der **Same** oder: der Samen, die Samen
sammeln, er sammelte, die Sammlung
der **Samstag*** (Sonnabend), die Samstage, samstags, am Samstag
der **Samt**
sämtlich, samt und sonders, allesamt
das **Sanatorium,** die Sanatorien
'Sanare' (lateinisch) hieß: gesund machen.
der **Sand,** sandig
die **Sandale,** die Sandalen
sanft, sanftmütig
der **Sänger,** die Sänger, die Sängerin
der **Sanitäter,** die Sanitäter
der **Sarg,** die Särge
der **Satellit,** die Satelliten
satt, gesättigt
der **Sattel,** die Sättel, der Sattler, das Pferd satteln
der **Satz,** die Sätze (32)
die **Sau,** die Säue oder: die Sauen
sauber, säubern, die Sauberkeit
die **Sauce** (auch: die Soße), die Saucen
sauer, die Säure, das Sauerkraut, der saure Regen
der **Sauerstoff**
saufen, er soff, der Säufer
saugen, er saugte, der Säugling, das Säugetier
die **Säule,** die Säulen
der **Saum,** die Säume

die **Sauna,** die Saunas oder: die Saunen

sausen, es sauste

die **S-Bahn** (Stadtbahn, Schnellbahn), die S-Bahnen

Scha... siehe auch Cha...

schaben, er schabte

schäbig

die **Schablone,** die Schablonen

das **Schach,** das Schachspiel → matt

der **Schacht,** die Schächte, ausschachten

die **Schachtel,** die Schachteln

wie **schade** ist das!

der **Schädel,** die Schädel

schaden, er schadete, der Schaden, der Schädling, schadenfroh, schädigen, schädlich

das **Schaf,** die Schafe, der Schäfer, der Schäferhund

schaffen, er schaffte (21) (34)

der **Schaffner,** die Schaffner, die Schaffnerin

der **Schal,** die Schale oder: die Schals

die **Schale,** die Schalen, schälen

der **Schall,** schallen (25)

schalten, er schaltete, der Schalter

die **Scham,** sich schämen

die **Schande,** schändlich

die **Schar,** die Scharen

scharf, die Schärfe, schärfen

der **Scharlach**

'Scharlach' heißt ein roter Farbton. Die Krankheit heißt nach der roten Farbe des Hautausschlags.

scharren, es scharrte

der **Schatten,** die Schatten, schattig

der **Schatz,** die Schätze

schätzen, er schätzte

Ursprünglich hieß das: den Wert eines Schatzes ungefähr berechnen.

schauen, sie schaute, die Schau, das Schaufenster

der **Schauer,** die Schauer, schauern

die **Schaufel,** die Schaufeln, schaufeln

die **Schaukel,** die Schaukeln, schaukeln

der **Schaum,** schäumen

schaurig

der **Scheck,** die Schecks

die **Scheibe,** die Scheiben

Die Germanen nannten eine vom Baumstamm abgeschnittene runde Platte 'skiba'. Daraus wurde 'Scheibe'. Die Fensterscheiben nannte man später so, weil auch sie damals rund waren.

die **Scheide,** die Scheiden

scheiden, er schied, geschieden, die Scheidung

scheinbar → anscheinend

Die Zeit stand scheinbar still (nicht in Wirklichkeit).

scheinen, es schien, der Schein, scheinbar
der **Scheitel,** die Scheitel
scheitern, es scheiterte
die **Schelle,** die Schellen
schellen, es schellte
der **Schemel,** die Schemel
der **Schenkel,** die Schenkel
schenken, sie schenkte (20), das Geschenk
die **Scherbe,** die Scherben
die **Schere,** die Scheren
der **Scherz,** die Scherze, scherzen
scheu, scheuen, die Scheu
scheuchen, er scheuchte
scheuern, er scheuerte
das **Scheuertuch*** (Aufnehmer, Putzlumpen)
die **Scheune,** die Scheunen
das **Scheusal,** die Scheusale
scheußlich
der **Schi** (auch: der Ski), die Schier
die **Schicht,** die Schichten
schick
schicken, sie schickte
das **Schicksal,** die Schicksale
schieben, sie schob, der Schieber, die Schiebung
der **Schiedsrichter,** die Schiedsrichter
schief
der **Schiefer**
schielen, sie schielte
das **Schienbein,** die Schienbeine → Bein
die **Schiene,** die Schienen
schießen, er schoss, geschossen, der Schuss
das **Schiff,** die Schiffe, die Schifffahrt, der Schiffbruch (28), schiffbar
die **Schikane,** die Schikanen, schikanieren
der **Schild** des Ritters, die Schilde
das **Schild,** die Schilder
schildern, er schilderte, die Schilderung
die **Schildkröte,** die Schildkröten
das **Schilf**
der **Schimmel,** die Schimmel (1. weißes Pferd, 2. Pilz)
schimmern, es schimmerte, der Schimmer
der **Schimpanse,** die Schimpansen
schimpfen, er schimpfte
die **Schindel,** die Schindeln
der **Schinken,** die Schinken
der **Schirm,** die Schirme
die **Schlacht,** die Schlachten, schlachten, der Schlachter oder: der Schlächter
die **Schlacke,** die Schlacken
der **Schlaf,** der Schläfer
die **Schläfe,** die Schläfen
Sie heißt so, weil man im Schlaf darauf liegt.
schlafen, sie schlief,

schlaflos, schläfrig
schlaff
schlagen, er schlug, der Schlag, der Schläger, die Schlägerei
der **Schlamm,** schlammig
schlampig, die Schlamperei
die **Schlange,** die Schlangen, Schlange stehen, sich schlängeln
→ Serpentine
schlank
schlapp
schlau, die Schlauheit, die Schläue
der **Schlauch,** die Schläuche
die **Schlaufe,** die Schlaufen
schlecht, die Schlechtigkeit
schleichen, sie schlich (13)
der **Schleier,** die Schleier, schleierhaft
die **Schleife,** die Schleifen
schleifen, er schliff
der **Schleim,** schleimig
schlendern, sie schlenderte
schleppen, er schleppte, der Schlepper, die Schleppe
Schleswig-Holstein, der Schleswig-Holsteiner, schleswig-holsteinisch
die **Schleuder,** die Schleudern, schleudern
schleunig(st)
die **Schleuse,** die Schleusen, schleusen
schlicht
schlichten, er schlichtete, die Schlichtung
schließen, ich schloss, geschlossen
schließlich
schlimm
die **Schlinge,** die Schlingen
der **Schlingel,** die Schlingel
schlingen, er schlang, geschlungen (17)
der **Schlips,** die Schlipse
der **Schlitten,** die Schlitten
der **Schlittschuh,** die Schlittschuhe
der **Schlitz,** die Schlitze, schlitzen
das **Schloss,** die Schlösser (1. Türschloss, 2. Königsschloss)
der **Schlosser,** die Schlosser
der **Schlot,** die Schlote
die **Schlucht,** die Schluchten
schluchzen, er schluchzte (19)
schlucken, sie schluckte, der Schluck
schlummern, sie schlummerte, der Schlummer
schlüpfen, sie schlüpfte, der Schlüpfer
schlürfen, er schlürfte
der **Schluss,** die Schlüsse
der **Schlüssel,** die Schlüssel

A B C D E F G H I J K L M N O P Q R S T U V W X Y Z

A B C D E F G H I J K L M N O P Q R S T U V W X Y Z

schmächtig
schmal
das **Schmalz**
schmatzen, er schmatzte
schmecken, es schmeckte
schmeicheln, er schmeichelte, der Schmeichler, die Schmeichelei
schmeißen, sie schmiss, geschmissen
schmelzen, es schmilzt, es schmolz, der Schmelz
der **Schmerz,** die Schmerzen, schmerzen, schmerzlich, schmerzhaft, schmerzlos
der **Schmetterling,** die Schmetterlinge
schmettern, es schmetterte (16)
der **Schmied,** die Schmiede, schmieden
schmieren, er schmierte, die Schmiere, schmierig
die **Schminke,** schminken
der **Schmöker,** die Schmöker, schmökern
schmoren, es schmorte
schmücken, sie schmückte, der Schmuck
schmuggeln, er schmuggelte, der Schmuggler
schmunzeln, sie schmunzelte (18)
schmusen, er schmuste
der **Schmutz,** schmutzig
→ Fink

der **Schnabel,** die Schnäbel
die **Schnalle,** die Schnallen, schnallen
schnappen, er schnappte
der **Schnaps,** die Schnäpse
schnarchen, sie schnarchte
schnattern, er schnatterte
schnauben, sie schnaubte
schnaufen, er schnaufte
die **Schnauze,** die Schnauzen, schnauzen, schnäuzen, er schnäuzte sich
die **Schnecke,** die Schnecken
der **Schnee,** der Schneeball
schneiden, er schnitt, die Schneide, der Schneider, die Schneiderin

Eine abgeschnittene Scheibe Brot (34) heißt Schnitte. Die aufgeschnittene Fleischware nennen wir Aufschnitt.

schneien, es schneite
schnell, am schnellsten (22), die Schnelligkeit
der **Schnipsel,** die Schnipsel
der **Schnitt,** die Schnitte
die **Schnitte,** die Schnitten
→ schneiden
der **Schnittlauch**
das **Schnitzel,** die Schnitzel, die Schnitzeljagd

schnitzen, er schnitzte
der **Schnorchel,** die Schnorchel
schnüffeln, sie schnüffelte
der **Schnupfen**
schnuppern, er schnupperte
die **Schnur,** die Schnüre, schnüren, schnurgerade, der Schnürsenkel
der **Schnurrbart,** die Schnurrbärte
schnurren, er schnurrte
die **Schokolade,** die Schokoladen
die **Scholle,** die Schollen (1. Erdscholle, 2. Plattfisch)
schon
schön, die Schönheit
schonen, er schonte, die Schonung, die Schonzeit
'Schonen' heißt: schön behandeln.
schöpfen, er schöpfte, der Schöpfer, die Schöpfung, das Geschöpf
der **Schornstein,** die Schornsteine, der Schornsteinfeger
der **Schoß,** die Schöße
der **Schotter**
schräg, die Schräge
die **Schramme,** die Schrammen, schrammen
der **Schrank,** die Schränke
die **Schranke,** die Schranken
die **Schraube,** die Schrauben, schrauben
der **Schreck** oder: der Schrecken, erschrecken, schrecklich
der **Schrei,** die Schreie, schreien
schreiben, er schrieb, die Schrift, der Schreibtisch
schreien, er schrie, geschrien, der Schrei
der **Schreiner*** (Tischler), die Schreiner (34)
Der Geld- und Kleiderkasten unserer Vorfahren hieß 'Schrein'. Der Schreiner schreinerte den Schrein. → Tischler
schreiten, er schritt (13), der Schritt
die **Schrift,** die Schriften, der Schriftsteller, schriftlich
schrill (25)
der **Schritt,** die Schritte
schroff
der **Schrott,** verschrotten
schrubben, er schrubbte, der Schrubber
schrumpfen, er schrumpfte
der **Schub,** die Schübe, die Schubkarre (Schiebekarre), die Schublade (Schiebelade), schubsen, der Schubs
schüchtern, die Schüchternheit

A B C D E F G H I J K L M N O P Q R S T U V W X Y Z

der **Schuft,** die Schufte
schuften, sie schuftete (21)
der **Schuh,** die Schuhe, der Schuhmacher
die **Schuld,** die Schulden, ich habe Schuld, ich bin schuld, schuldig
die **Schule,** die Schulen, der Schüler, schulfrei (5)
die **Schulter,** die Schultern
schummeln, er schummelte
der **Schund**
die **Schuppe,** die Schuppen, schuppig
der **Schuppen,** die Schuppen
die **Schürze,** die Schürzen
der **Schuss,** die Schüsse
die **Schüssel,** die Schüsseln
der **Schuster,** die Schuster
der **Schutt**
schütteln, sie schüttelte
schütten, es schüttete
schützen, sie schützte, der Schutz
schwach (24), die Schwäche
der **Schwanz,** die Schwänze
schwänzen, er schwänzte
der **Schwarm,** die Schwärme, schwärmen
schwarz, der/die Schwarze, die Schwarzen
schwatzen, er schwatzte (15), schwätzen, der Schwätzer

schweben, sie schwebte
Schweden, der Schwede, schwedisch
der **Schwefel**
schweigen, er schwieg, das Schweigen
das **Schwein,** die Schweine, die Schweinerei
der **Schweiß**
schweißen, er schweißte, der Schweißer
die **Schweiz,** der Schweizer, schweizerisch
die **Schwelle,** die Schwellen
schwellen, es schwoll
schwenken, er schwenkte
schwer, schwerhörig, schwerfällig (23)
das **Schwert,** die Schwerter
die **Schwester,** die Schwestern
die **Schwiegermutter,** die Schwiegermütter
schwierig, die Schwierigkeit
schwimmen, er schwamm, geschwommen, das Schwimmbad, der Schwimmer
schwind(e)lig, der Schwindel, schwindelfrei
schwindeln, sie schwindelte, der Schwindel, der Schwindler
schwingen, er schwang, geschwungen, die

Schwinge
schwirren, es schwirrte
schwitzen, du schwitzt, er schwitzte
schwören, er schwor
schwül, die Schwüle
der **Schwung,** die Schwünge
der **Schwur,** die Schwüre
sechs, sechzehn, sechzig, sechsmal, ein Sechstel
der **See** (im Land), die Seen
die **See** (das Meer), seekrank
die **Seele,** die Seelen

Unsere germanischen Vorfahren glaubten, die Seelen der Ungeborenen und Toten wohnten im Wasser. Darum steckt das Wort 'See' in 'Seele'.

das **Segel,** die Segel, segeln
segnen, er segnete, der Segen
sehen, sie sieht, sie sah, sieh! (14), aber: → sie_

Die Lehrerin auf dem Pausenhof hat Aufsicht. Klaus ist nicht vorsichtig. Er übersieht ein Hindernis und stolpert. Die Lehrerin hat alles angesehen. Nach ihrer Ansicht ist Klaus selber schuld.

die **Sehne,** die Sehnen
sich **sehnen,** er sehnte sich, die Sehnsucht
sehr, sehr gut
seicht
ihr **seid,** aber: → seit gestern
die **Seide,** die Seiden, ein seidenes Kleid
die **Seife,** die Seifen
das **Seil,** die Seile
sein, ich habe sein Heft
sein, gesund sein
seit gestern, seitdem, aber: ihr → seid
die **Seite,** die Seiten, beseitigen, aber: → Saite
die **Sekretärin,** die Sekretärinnen, der Sekretär, das Sekretariat
der **Sekt**
die **Sekte,** die Sekten
die **Sekunde,** die Sekunden
selber
selbst, selbstverständlich, die Selbstbedienung
selbständig/selbstständig
selig, die Seligkeit
der/ die **Sellerie**
selten, die Seltenheit
seltsam
das **Semikolon,** die Semikolons
die **Semmel*** (Brötchen)
der **Senat,** der Senator, die Senatorin
senden, er sandte, gesandt, die Sendung, der Sender
der **Senf**
senken, sie senkte
senkrecht → recht
der **Senn,** die Sennerin
die **Sensation,** die Sensationen, sensationell
die **Sense,** die Sensen

A B C D E F G H I J K L M N O P Q R S T U V W X Y Z

der **September** → Oktober
Bei den alten Römern war dies der siebte Monat des Jahres. 'Sieben' hieß 'septem'.

die **Serie,** die Serien

die **Serpentine,** die Serpentinen
Römer nannten eine Schlange 'serpens'.

der **Sessel,** die Sessel

setzen, sie setzte (32)

die **Seuche,** die Seuchen, verseucht

seufzen, er seufzte

sich

die **Sichel,** die Sicheln

sicher, sicherlich, sichern, die Sicherheit, die Sicherung

die **Sicht,** sichtbar, kurzsichtig, besichtigen, die Besichtigung → sehen

sie ist schön; aber: sie<u>h</u> mal an! → sehen

das **Sieb,** die Siebe, sieben

sieben, siebzehn, siebzig, siebenmal

sieden, es siedete, siedend heiß, gesotten, der Siedepunkt

die **Siedlung,** die Siedlungen, siedeln, der Siedler

der **Sieg,** die Siege, der Sieger, siegen, sie siegt, siegreich

das **Siegel,** die Siegel
'Sigillum' (lateinisch) hieß: der Abdruck des Siegelrings.

das **Signal,** die Signale

die **Silbe,** die Silben

das **Silber,** silbern, silbrig

der/ das **Silo,** die Silos

das/der **Silvester**
Die Katholiken verehren am letzten Tag des Jahres ihren Heiligen Silvester.

wir **sind** froh

singen, sie singt, sie sang, gesungen

der **Singular** (37)

sinken, sie sinkt, sie sank, gesunken

der **Sinn,** die Sinne, es hat keinen Sinn, sinnlos

die **Sintflut**
Bei den Germanen hieß 'sin': gewaltig.

die **Sirene,** die Sirenen

der **Sirup**

die **Sitte,** die Sitten

die **Situation,** die Situationen

sitzen, sie sitzt, sie sa<u>ß</u>, gese<u>ss</u>en, der Sitz, die Sitzung, der Vorsitzende (32) → besitzen

die **Skala,** die Skalen oder: die Skalas

der **Skandal,** die Skandale

der **Skat**

das **Skelett,** die Skelette

der **Ski** (auch: der S<u>ch</u>i), die Skier

die **Skizze,** die Skizzen

der **Sklave,** die Sklaven

so, sobald

die **Socke** oder: der Socken,

die Socken
der **Sockel,** die Sockel
sodass, auch: so dass
soeben
das **Sofa,** die Sofas
sofort
sogar
sogenannt
sogleich
die **Sohle,** die Sohlen, aber: → Sole
der **Sohn,** die Söhne
solange
solch, solche
der **Sold,** die Besoldung
der **Soldat,** die Soldaten
die **Sole** (Salzwasser), die Solen, aber: → Sohle
sollen, sie sollte
das **Solo,** die Soli oder: die Solos
der **Sommer,** die Sommer, sommerlich
sonderbar
sondern
der **Sonnabend*** (Samstag), die Sonnabende, sonnabends, am Sonnabend
die **Sonne,** die Sonnen, sich sonnen, sonnig
die **Sonnenblume,** die Sonnenblumen
der **Sonntag,** die Sonntage, am Sonntag, sonntags
Die Römer sagten 'dies solis': Tag der Sonne. Die Germanen übersetzten das in ihre Sprache: sunnuntag.

sonst
der **Sopran,** die Soprane
die **Sorge,** die Sorgen
sorgen, er sorgte
die **Sorgfalt,** sorgfältig
die **Sorte,** die Sorten, sortieren
die **Soße** (auch: die Sauce), die Soßen
soviel ich weiß, ...
so viel Geld
sowie
sowohl
sozial
der **Spachtel,** die Spachtel
die **Spagetti/Spaghetti**
spähen, sie spähte, der Späher
spalten, er spaltete, der Spalt, die Spalte
der **Span,** die Späne
die **Spange,** die Spangen
der **Spaniel,** die Spaniels
Spanien, der Spanier, spanisch
spannen, sie spannte, ich bin gespannt
spannend, die Spannung
sparen, sie sparte, der Sparer, das Sparbuch, die Sparkasse, die Sparsamkeit, sparsam
der **Spargel,** die Spargel
der **Spaß,** die Späße, spaßen
spät
der **Spaten,** die Spaten
der **Spatz,** die Spatzen

spazieren gehen, er ging spazieren (13), der Spaziergang
der **Specht,** die Spechte
der **Speck,** speckig
der **Speer,** die Speere
die **Speiche,** die Speichen
der **Speichel**
der **Speicher,** die Speicher (34), speichern
die **Speise,** die Speisen, speisen, sie speiste (17)
spenden, er spendete (20), die Spende, der Spender, spendieren
der **Spengler*** (Klempner) (34)
der **Sperling,** die Sperlinge
sperren, er sperrte, die Sperre, sperrig
der **Spezialist,** die Spezialisten, die Spezialität, speziell
der **Spiegel,** die Spiegel, spiegeln
spielen, er spielte, das Spiel, der Spieler
der **Spieß,** die Spieße
der **Spinat**
spinnen, sie spann, gesponnen, die Spinne
der **Spion,** die Spione, spionieren
die **Spirale,** die Spiralen
spitz, die Spitze, der Spitz, der Spitzel
der **Splitter,** die Splitter, splittern
der **Sport,** der Sportler, sportlich, die Sportschau
spotten, er spottete, der Spott, der Spötter
die **Sprache,** die Sprachen, sprachlich, sprachlos (33)
sprechen, sie spricht, sie sprach, gesprochen (15) (33)
spreizen, er spreizte
sprengen, sie sprengte
das **Sprichwort,** die Sprichwörter (33)
sprießen, es spross, gesprossen
springen, er sprang, gesprungen (13), der Springer
der **Sprit**
spritzen, sie spritzte, die Spritze, der Spritzer
die **Sprosse,** die Sprossen
der **Spruch,** die Sprüche (33)
sprudeln, es sprudelte, der Sprudel
sprühen, es sprühte
der **Sprung,** die Sprünge
spucken, sie spuckte, die Spucke
der **Spuk,** spuken, es spukte
die **Spule,** die Spulen, spulen
spülen, sie spülte, die Spülung
die **Spur,** die Spuren, spuren, spurlos

A B C D E F G H I J K L M N O P Q R S T U V W X Y Z

spüren, er spürte
der **Spurt,** die Spurts, spurten
der **Staat,** die Staaten, staatlich
der **Stab,** die Stäbe
stabil
der **Stachel,** die Stacheln, stach(e)lig
das **Stadion,** die Stadien
die **Stadt,** die Städte, städtisch, aber: → Sta<u>tt</u>
die **Staffel,** die Staffeln
der **Stahl,** die Stähle, stählern
der **Stall,** die Ställe
der **Stamm,** die Stämme, abstammen, der Stammbaum
Der Kerl ist <u>stämm</u>ig wie ein Baum<u>stamm</u>.
stammeln, er stammelte
stampfen, sie stampfte, der Stampfer
der **Stand,** die Stände, der Ständer
ständig
die **Stange,** die Stangen
der **Stängel,** die Stängel
stänkern, er stänkerte
der **Stapel,** die Stapel, stapeln
stapfen, er stapfte
der **Star** (Vogel), die Stare
der **Star** (Augenkrankheit)
der **Star,** die Stars
Berühmte Filmschauspieler nennt man Stars. 'Star' (englisch) heißt: Stern.
stark, die Stärke, stärken
starr, die Starrheit
starren, er starrte
der **Start,** die Starts, starten
die **Station,** die Stationen
die **Statt** (veraltet), heute: die Stätte, aber: → Sta<u>dt</u>; statt dessen, auch: stattdessen, anstatt, stattfinden
Statt bedeutete: 'Ort und Stelle'.
der **Stau,** die Staus
der **Staub,** es staubte, staubig, der Staubsauger
die **Staude,** die Stauden
stauen, er staute
staunen, sie staunte
stechen, sie sticht, sie stach, gestochen
stecken, er steckte, der Stecker
der **Steg,** die Stege
stehen, er stand
stehlen, sie stiehlt, sie stahl, gestohlen
steif
steigen, sie stieg, die Steigung
steigern, er steigerte
steil
der **Stein,** die Steine, steinig
stellen, er stellte, die Stelle, die Stellung, vorstellen
Wer sich in Gedanken etwas <u>vor</u> sein 'inneres Auge' <u>stell</u>t, hat eine <u>Vorstell</u>ung.
die **Stelze,** die Stelzen
stemmen, er stemmte
der **Stempel,** die Stempel, stempeln

A B C D E F G H I J K L M N O P Q R S T U V W X Y Z

die **Stenografie/Stenographie**
die **Steppdecke,** die Steppdecken
die **Steppe,** die Steppen
sterben, sie stirbt, sie starb, gestorben
stereo hören, die Stereoanlage
der **Stern,** die Sterne
stets, stetig
die **Steuer** (Abgabe), die Steuern
das **Steuer** (zum Lenken), die Steuer, steuern
der **Stich,** die Stiche, das Stichwort, im Stich lassen
Wer einen anderen im Kampf allein ließ, sodass ihn die Stiche der Feinde treffen konnten, der ließ ihn 'im Stich'.
sticken, sie stickte, die Stickerei
stickig
der **Stiefel,** die Stiefel
die **Stiefeltern**
der **Stiel,** die Stiele
der **Stier,** die Stiere
der **Stift,** die Stifte
stiften, er stiftete, der Stifter, die Stiftung
still, in der Stille
die **Stimme,** die Stimmen
stimmen, es stimmte
die **Stimmung,** die Stimmungen
stinken, es stank, gestunken
die **Stirn,** die Stirnen
stöbern, er stöberte
stochern, er stocherte
der **Stock,** die Stöcke
stocken, sie stockte
das **Stockwerk,** die Stockwerke, dreistöckig
der **Stoff,** die Stoffe
stöhnen, er stöhnte
der **Stollen,** die Stollen
stolpern, er stolperte
stolz sein, der Stolz
stolzieren, er stolzierte
Der stolze Christian stolziert wie auf Stelzen einher.
stopfen, er stopfte
der **Stopfen,** die Stopfen
Er verstopft die Flasche.
die **Stoppel,** die Stoppeln
stoppen, er stoppte, der Stopp, die Stoppuhr
der **Stöpsel,** die Stöpsel
der **Storch,** die Störche
stören, sie störte, die Störung
störrisch
stoßen, sie stößt, sie stieß, der Stoß
stottern, er stotterte, der Stotterer
strafen, sie strafte, die Strafe, strafbar
der **Strahl,** die Strahlen, strahlen, die Strahlung
die **Strähne,** die Strähnen, strähnig

stramm
strampeln, er strampelte
der **Strand,** die Strände, stranden
der **Strang,** die Stränge
die **Strapaze,** die Strapazen
'Strapazzare' (italienisch) heißt: überanstrengen.
die **Straße,** die Straßen (7) (8) (26)
Die Germanen übernahmen das Römerwort für gepflasterten Weg: strata.
sich **sträuben,** er sträubte sich
der **Strauch,** die Sträucher
der **Strauß,** die Sträuße
streben, sie strebte, die Strebe, der Streber
strecken, er streckte, die Strecke
der **Streich,** die Streiche
streicheln, sie streichelte
streichen, sie strich, der Strich
das **Streichholz,** die Streichhölzer
streifen, er streifte, die Streife
der **Streifen,** die Streifen, gestreift
der **Streik,** die Streiks, streiken
der **Streit,** die Streiterei
streiten, sie stritt
streng, die Strenge
streuen, sie streute, die Streu, die Streusel
der **Strich,** die Striche
der **Strick,** die Stricke, stricken
das **Stroh,** der Strohhalm
der **Strolch,** die Strolche
der **Strom,** die Ströme, die Strömung, strömen
die **Strophe,** die Strophen
strotzen, er strotzte
strubb(e)lig
der **Strudel,** die Strudel
der **Strumpf,** die Strümpfe
struppig
die **Stube,** die Stuben
das **Stück,** die Stücke, stückeln
studieren, er studierte, der Student, das Studium
die **Stufe,** die Stufen
der **Stuhl,** die Stühle
die **Stulle*** (Scheibe Brot)
stülpen, er stülpte
stumm
der **Stümper,** die Stümper
stumpf, der Stumpfsinn
der **Stumpf,** die Stümpfe (34)
die **Stunde,** die Stunden, die Viertelstunde, der Stundenplan, stündlich
stur, die Sturheit
der **Sturm,** die Stürme, stürmen, der Stürmer, stürmisch
stürzen, er stürzt, er stürzte, der Sturz
die **Stute,** die Stuten
stutzen, er stutzte, stutzig
stützen, sie stützte, die Stütze

A B C D E F G H I J K L M N O P Q R S T U V W X Y Z

das **Subjekt,** die Subjekte
das **Substantiv,** die Substantive (37)
subtrahieren, sie subtrahierte
suchen, sie suchte, die Suche
die **Sucht,** die Süchte, süchtig
der **Süden,** südlich, der Südpol
die **Sühne,** sühnen
die **Summe,** die Summen
summen, sie summte
der **Sumpf,** die Sümpfe, sumpfig
die **Sünde,** die Sünden, der Sünder, sündigen
das **Super**(-benzin)
der **Supermarkt,** die Supermärkte
die **Suppe,** die Suppen
surren, es surrte
süß, süßen, die Süße, die Süßigkeit
das **Symbol,** die Symbole
die **Sympathie,** die Sympathien, sympathisch
das **System,** die Systeme
die **Szene,** die Szenen

T

der **Tabak**
die **Tabelle,** die Tabellen
das **Tablett,** die Tabletts
die **Tablette,** die Tabletten
der **Tacho** (eigentlich: Tachometer), die Tachos
der **Tadel,** die Tadel, tadeln, tadellos
die **Tafel,** die Tafeln
der **Tag,** die Tage, täglich, tagelang, tagsüber
der **Takt,** die Takte, taktlos
das **Tal,** die Täler
das **Talent,** die Talente
der **Talg**
der **Talisman,** die Talismane
der **Tank,** die Tanks
tanken, er tankte, die Tankstelle, der Tanker
die **Tanne,** die Tannen
die **Tante,** die Tanten
der **Tanz,** die Tänze, der Tänzer, tanzen
die **Tapete,** die Tapeten, tapezieren
tapfer, die Tapferkeit
tarnen, er tarnte, die Tarnung
die **Tasche,** die Taschen
die **Tasse,** die Tassen
die **Taste,** die Tasten, tasten
die **Tat,** die Taten, der Täter, die Tätigkeit
die **Tatsache,** die Tatsachen, tatsächlich

der **Tau** (auf der Wiese)
das **Tau** (starkes Seil), die Taue, das Tauziehen
taub, taubstumm
die **Taube,** die Tauben
tauchen, sie tauchte, der Taucher
tauen, es taute
die **Taufe,** die Taufen, taufen
taugen, es taugte nichts
taumeln, er taumelte
tauschen, sie tauschte, der Tausch
täuschen, er täuschte
Wer einen anderen beim Tauschgeschäft hereinzulegen versuchte, täuschte ihn.
tausend
die **Taxe** oder: das Taxi, die Taxen
Te... (siehe auch bei: **The**...)
die **Technik,** die Techniken, der Techniker, technisch
der **Teddybär,** die Teddybären
der **Tee,** die Tees
der **Teer,** teeren
der **Teich,** die Teiche
der **Teig,** die Teige
der/ das **Teil,** die Teile, teilen, die Teilung
Im Eisenbahnwagen werden Teile des Innenraums abgeteilt: Es sind Abteile.
teilnehmen, er nahm teil (31), der Teilnehmer, die Teilnahme
teilweise
das **Telefon,** die Telefone, telefonieren, telefonisch
telegrafieren/telegraphieren, das Telegramm
der **Teller,** die Teller
der **Tempel,** die Tempel
das **Temperament,** die Temperamente
die **Temperatur,** die Temperaturen (9)
das **Tempo,** die Tempos oder: die Tempi
das **Tennis**
der **Teppich,** die Teppiche
der **Termin,** die Termine
die **Terrasse,** die Terrassen
der **Terror,** der Terrorist
der **Test,** die Tests oder: die Teste, testen
das **Testament,** die Testamente
teuer, noch teurer
der **Teufel,** die Teufel, teuflisch
der **Text,** die Texte
die **Textilien**
das **Theater,** die Theater
die **Theke,** die Theken
das **Thema,** die Themen oder: die Themata
die **Theologie**
die **Theorie,** die Theorien, theoretisch
das **Thermometer,** die Thermometer

A B C D E F G H I J K L M N O P Q R S T U V W X Y Z

die **Thermosflasche,** die Thermosflaschen
der **Thron,** die Throne
Thüringen, der Thüringer, thüringisch
ticken, es tickte
tief, die Tiefe
das **Tier,** die Tiere
der **Tiger,** die Tiger
die **Tinte,** die Tinten
der **Tipp,** die Tipps, tippen
der **Tisch,** die Tische
der **Tischler,** die Tischler (34)
Ursprüngliche Bedeutung: Tischmacher. → Schreiner
der **Titel,** die Titel
toben, sie tobte
die **Tochter,** die Töchter
der **Tod,** tödlich, todkrank, todmüde
(Achtung: Sieh auch unter **tot** nach!)
die **Toilette,** die Toiletten
toll, die Tollwut
tollen, er tollte
der **Tollpatsch,** die Tollpatsche, tollpatschig
die **Tomate,** die Tomaten
die **Tombola,** die Tombolas
der **Ton,** die Töne
der **Ton** (Bodenart)
die **Tonne,** die Tonnen
der **Topf,** die Töpfe
das **Tor,** die Tore, der Torwart
der **Tor** (Narr), die Toren, töricht
der **Torf**
torkeln, er torkelte
der **Tornister,** die Tornister
die **Torte,** die Torten
tot, der Tote, töten, totenstill, totlachen
das/der **Toto**
der **Tourist,** die Touristen
traben, er trabte, der Trab
die **Tracht,** die Trachten
der **Trafo** (eigentlich: Transformator), die Trafos
träge (23), die Trägheit
tragen, sie trägt, sie trug, der Träger
trainieren, er trainierte, der Trainer, das Training
der Traktor, die Traktoren → Trecker
trampeln, sie trampelte
die **Träne,** die Tränen, die Augen tränen
der **Transistor,** die Transistoren
das **Transparent,** die Transparente
der **Transport,** die Transporte, transportieren
die **Traube,** die Trauben
trauen, sie traute mir, die Trauung
trauern, er trauerte, die Trauer, traurig
die **Traufe,** die Traufen
der **Traum,** die Träume, träumen
die **Trauung,** die Trauungen

der **Trecker,** die Trecker
'Trecken' heißt so viel wie 'ziehen'. Die Männer, die früher die Schiffe flussaufwärts zogen, hießen 'Trecker', also ‚Zieher'.
treffen, sie trifft, sie traf, getroffen, der Treffer
treiben, sie trieb
trennen, er trennte, die Trennung
die **Treppe,** die Treppen
der **Tresor,** die Tresore
treten, sie tritt, sie trat, tritt!, der Tritt
Wer auf die Bühne tritt, hat dort seinen Auftritt.
treu, die Treue, treulos
die **Tribüne,** die Tribünen
der **Trichter,** die Trichter
der **Trick,** die Tricks
der **Trieb,** die Triebe
das **Trikot,** die Trikots
trillern, er trillerte
trinken, sie trinkt, sie trank, getrunken
der **Tritt,** die Tritte → treten
der **Triumph,** die Triumphe
trocken, die Trockenheit
trocknen, sie trocknete
der **Trödel,** trödeln
die **Trommel,** die Trommeln
die **Trompete,** die Trompeten
tropfen, es tropfte
der **Tropfen,** die Tropfen
der **Trost,** trösten, trostlos
der **Trottel,** die Trottel
trotz des Regens, trotzdem
der **Trotz,** zum Trotz
trotzen, sie trotzte, trotzig
trüb, trübe, betrübt
die **Truhe,** die Truhen
die **Trümmer**
der **Trumpf,** die Trümpfe
der **Trupp,** die Trupps
die **Truppe,** die Truppen
tschau!
Italienischer Gruß für Auf Wiedersehen. Italienische Schreibweise: ciao.
das **T-Shirt,** die T-Shirts
die **Tube,** die Tuben
das **Tuch,** die Tücher
tüchtig, die Tüchtigkeit
die **Tücke,** die Tücken, tückisch
der **Tümpel,** die Tümpel
der **Tumult,** die Tumulte
tun, er tat, getan
tunken, er tunkte
der **Tunnel,** die Tunnel oder: die Tunnels
tupfen, sie tupfte, der Tupfer
die **Tür,** die Türen
die **Turbine,** die Turbinen
die **Türkei,** der Türke, türkisch
der **Turm,** die Türme
turnen, sie turnte, der Turner
die **Tusche,** die Tuschen
tuscheln, er tuschelte
die **Tüte,** die Tüten
der **Typ,** die Typen, typisch

U

die **U-Bahn** (Untergrundbahn), die U-Bahnen
übel, das Übel, die Übelkeit, der Übeltäter
üben, sie übte, die Übung
über
überall
übereinander
überfallen, der Überfall
der **Überfluss,** überflüssig
überhaupt
überlegen, die Überlegung
überlegen sein → legen
übermitteln, er übermittelte (20)
übermorgen
der **Übermut,** übermütig
übernachten, sie übernachtete, die Übernachtung
überqueren, sie überquerte
überraschen, er überraschte, die Überraschung
überreden, die Überredung
überschwemmen, es überschwemmte, die Überschwemmung
übersetzen, die Übersetzung (32)
die **Übersicht,** die Übersichten → sehen
überweisen, er überwies, die Überweisung
überzeugen, sie überzeugte, die Überzeugung
üblich
das **U-Boot** (Unterseeboot), die U-Boote
übrig
übrigens
die **Übung,** die Übungen
das **Ufer,** die Ufer
die **Uhr,** die Uhren
der **Uhu,** die Uhus
Ukw (Ultrakurzwelle)
der **Ulk,** ulkig
um
umarmen, sie umarmte
umdrehen, die Umdrehung
umfangen, der Umfang
Der Umfang eines Baumstammes ist das, was man umfangen (umfassen) kann.
umgeben, die Umgebung
umhängen, der Umhang
umher
umkehren, er kehrte um, die Umkehr
der **Umlaut,** die Umlaute
umleiten, die Umleitung
der **Umriss,** die Umrisse
der **Umschlag,** die Umschläge
umso besser!
umsonst
der **Umstand,** die Umstände, umständlich

der **Umweg,** die Umwege
die **Umwelt,** die Umweltverschmutzung
umziehen, der Umzug
unausstehlich
unbedingt
und
unendlich, die Unendlichkeit
unentschieden
unfair
der **Unfall,** die Unfälle
der **Unfug**
Ungarn, der Ungar, ungarisch
ungefähr
das **Ungeheuer,** die Ungeheuer
ungenügend
ungerecht, die Ungerechtigkeit
ungewiss, die Ungewissheit
das **Ungeziefer**
ungezogen → ziehen
das **Unglück,** die Unglücke, unglücklich
ungültig
die **Uniform,** die Uniformen
die **Universität,** die Universitäten
das **Unkraut,** die Unkräuter → Kraut
das **Unrecht** → Recht
uns, unser, unsere
die **Unschuld,** unschuldig
der **Unsinn,** unsinnig
unten
unter
unterbrechen (28), die Unterbrechung
untereinander
die **Unterführung,** die Unterführungen
unterhalten (15), die Unterhaltung
die **Unterkunft,** die Unterkünfte
unterrichten, der Unterricht (5)
unterscheiden, der Unterschied
unterstützen, die Unterstützung
untersuchen, die Untersuchung
unterwegs
unterwerfen, die Unterwerfung, unterwürfig
unverschämt
unverständlich
das **Unwetter,** die Unwetter
unzählig
üppig
uralt
die **Urgroßeltern**
der **Urin**
die **Urkunde,** die Urkunden
der **Urlaub,** die Urlaube
die **Ursache,** die Ursachen
der **Ursprung,** die Ursprünge, ursprünglich
das **Urteil,** die Urteile, urteilen
der **Urwald,** die Urwälder
die **USA**

A B C D E F G H I J K L M N O P Q R S T U V W X Y Z

V

die **Vanille**
die **Vase,** die Vasen
der **Vater,** die Väter, väterlich, das Vaterunser
das **Veilchen,** die Veilchen
das **Ventil,** die Ventile
der **Ventilator,** die Ventilatoren
verabreden, sie verabredete, die Verabredung
verachten, die Verachtung
die **Veranda,** die Veranden
veranstalten, er veranstaltete, die Veranstaltung
verantworten, die Verantwortung
veräppeln* (verspotten)
das **Verb,** die Verben (37)
der **Verband,** die Verbände (27)
verbessern, er verbesserte, die Verbesserung
verbeugen, die Verbeugung
verbieten, das Verbot
verbinden, die Verbindung, der Verband (27)
verbrauchen, der Verbraucher
das **Verbrechen,** die Verbrechen (28), der Verbrecher
der **Verdacht,** verdächtigen, verdächtig
verdauen, sie verdaute, die Verdauung
verdecken, das Verdeck → Decke
verderben, es verdirbt, es verdarb, verdorben
verdienen, der Verdienst
verdunsten, es verdunstete, die Verdunstung
verehren, sie verehrte, die Verehrung
der **Verein,** die Vereine
die **Verfassung,** die Verfassungen
verfolgen, er verfolgte, die Verfolgung
die **Vergangenheit**
vergeben, die Vergebung, vergeblich
vergessen, sie vergisst, sie vergaß, vergiss!, vergesslich
das **Vergissmeinnicht**
Heute sagen wir: 'Vergiss mich nicht!' Früher schenkten Liebende diese Blume einander zum Abschied.
vergleichen, er verglich, der Vergleich
vergnügen, sie vergnügte sich, das Vergnügen
verhaften, er verhaftete, die Verhaftung
verhüten, er verhütete, die Verhütung
verkaufen, der Verkauf, der Verkäufer
der **Verkehr** (7) (8)
verkehrt
verkleiden, er verkleidete

sich, die Verkleidung
verlangen, er verlangte
verletzen, sie verletzte, die Verletzung
verlieren, er verlor
verlosen, sie verloste, die Verlosung
der **Verlust,** die Verluste
vermissen, sie vermisste
das **Vermögen,** die Vermögen
vermuten, er vermutete, die Vermutung, vermutlich
vernichten, sie vernichtete (16), die Vernichtung
die **Vernunft,** vernünftig
verpflegen, die Verpflegung
verraten, er verrät, er verriet, der Verrat, der Verräter
verreisen, sie verreiste
verrenken, er verrenkte, die Verrenkung
verrückt, der Verrückte
der **Vers,** die Verse
versäumen, sie versäumte, das Versäumnis
verschieden
verschwenden, er verschwendete, die Verschwendung, verschwenderisch
verschwinden, sie verschwand, verschwunden
das **Versehen,** aus Versehen
versenden, der Versand
versetzen (32), die Versetzung
versichern, sie versicherte, die Versicherung
versöhnen, sie versöhnte sich
verspäten, er verspätete sich, die Verspätung
versprechen (33), das Versprechen
der **Verstand,** das Verständnis, verständlich
verstauchen, er verstauchte
verstecken, das Versteck
verstehen, er verstand
versuchen, der Versuch, die Versuchung
verteidigen, er verteidigte, die Verteidigung
der **Vertrag,** die Verträge
vertragen
vertrauen, das Vertrauen, vertraulich
vertreten, der Vertreter, die Vertretung
verunglücken, sie verunglückte
vervielfältigen, sie vervielfältigte
verwalten, er verwaltete, die Verwaltung
verwandt, der Verwandte, die Verwandtschaft
verwechseln, die Verwechslung
verwelken, es verwelkte

A B C D E F G H I J K L M N O P Q R S T U V W X Y Z

verwenden, die Verwendung
verwittern
Steine zerbröckeln im Laufe der Jahrhunderte durch das Wetter: durch die Witterung.
verwöhnen, er verwöhnte
verwunden, er verwundete, die Verwundung
verzeichnen, das Verzeichnis
verzeihen, er verzieh, die Verzeihung
verzichten, sie verzichtete, der Verzicht
verzweifeln, sie verzweifelte, die Verzweiflung
die **Vesper,** die Vespern (34)
der **Vetter,** die Vettern
das **Vieh**
viel, aber: ich fiel
vielleicht
vielmals
vier, vierzehn, vierzig, viermal, ein Viertel, das Viereck
die **Villa,** die Villen
violett
die **Violine,** die Violinen
das **Vitamin,** die Vitamine
der **Vogel,** die Vögel, die Vogelscheuche
der **Vokal,** die Vokale → Konsonant
das **Volk,** die Völker
voll, völlig, vollkommen, vollständig
vom ersten Tage an
von Anfang an
vor, im Voraus
voran
voraussichtlich
vorbei
das **Vorderrad,** die Vorderräder
die **Vorfahrt** (29)
der **Vorhang,** die Vorhänge
vorher, vorhin
vorige Woche
vorläufig
vorlaut
Ein Jagdhund, der vor der richtigen Zeit laut bellt, behindert die Jagd. Heute wendet man das Wort auch auf Menschen an.
der **Vormittag,** die Vormittage, heute Vormittag
vorn
vornehm
der **Vorrat,** die Vorräte
'Rat' nannte man früher auch die Sachen, die man zum Leben brauchte. Noch heute sagen wir: Vorrat, Hausrat.
der **Vorschlag,** die Vorschläge
die **Vorschrift,** die Vorschriften
die **Vorsicht,** vorsichtig
vorstellen, die Vorstellung → stellen
der **Vorteil,** die Vorteile
vortragen, der Vortrag
vorüber, vorübergehend
vorwärts
vorwerfen, der Vorwurf
der **Vulkan,** die Vulkane

W

die **Waage,** die Waagen, waagerecht
→ 'Recht' bedeutete früher 'richtig'. Eine Waage steht richtig, wenn sie waagerecht steht.
die **Wabe,** die Waben
wachen, er wachte, wach, wachsam, die Wacht
das **Wachs,** die Wachse
wachsen, er wächst, er wuchs
wackeln, er wackelte, wack(e)lig
die **Wade,** die Waden
die **Waffe,** die Waffen
die **Waffel,** die Waffeln
wagen, sie wagte
der **Wagen,** die Wagen
der **Waggon/Wagon**
die **Wahl,** die Wahlen
wählen, sie wählte
der **Wahnsinn,** wahnsinnig
wahr, die Wahrheit, aber: es → war
während
wahrscheinlich
die **Waise** (Kind ohne Eltern), die Waisen, aber: → Weise
der **Wal,** die Wale
der **Wald,** die Wälder (10)
der **Wall,** die Wälle
die **Wallfahrt,** die Wallfahrten
die **Walnuss,** die Walnüsse
die **Walze,** die Walzen, walzen, wälzen, der Walzer
die **Wand,** die Wände
→ winden
wandern, er wanderte, die Wanderung
wann
die **Wanne,** die Wannen
die **Wanze,** die Wanzen
das **Wappen,** die Wappen
es **war** einmal, aber: → wahr
was **wäre,** wenn ...
die **Ware,** die Waren
warm, die Wärme (9)
warnen, die Warnung
du **warst**
ihr **wart**
warten, sie wartete
der **Wärter,** die Wärter
warum
die **Warze,** die Warzen
was ist los?
waschen, er wäscht, er wusch, die Wäsche
das **Wasser,** wasserdicht
waten, er watete (13)
die **Watsche*** (Ohrfeige)
watscheln, er watschelte
das **Watt**
die **Watte**
weben, er webte (auch: er wob)
wechseln, sie wechselte
der **Weck*,** die **Wecke*,** der **Wecken*** (Brötchen)
wecken, sie weckte, aufwecken, der Wecker
wedeln, er wedelte
weder

A B C D E F G H I J K L M N O P Q R S T U V W X Y Z

geh **weg!,** aber: der → Weg
der **Weg,** die Wege, der Wegweiser, aber: → weg
wegen
wegnehmen
weh, es tut weh; die Wehe
wehen, es wehte
wehren, er wehrte sich
das **Weib,** die Weiber
weich
weichen, er wich
die **Weide,** die Weiden
sich **weigern,** er weigerte sich
das **Weihnachten** oder: die Weihnacht, der Weihnachtsbaum
der **Weihrauch**
weil
die **Weile**
der **Wein,** die Weine
weinen, sie weinte (19)
weise sein, die Weisheit
die **Weise,** Art und Weise, aber: → Waise
weisen, sie wies
weiß
der **Weißkäse*** (Quark)
weit, die Weite
der **Weizen**
welche, welcher
welken, es welkte, welk
die **Welle,** die Wellen
die **Welt,** der Weltraum
wem gehört das?
wen liebst du?
wenden, sie wendete (auch: sie wandte sich), gewendet (auch: gewandt), die Wendung, die Wende → winden
wenig, wenigstens
wenn du willst ...
wer
werben, er wirbt, er warb, geworben, die Werbung
werden, es wird, es wurde, geworden
werfen, sie wirft, sie warf, geworfen
die **Werft,** die Werften
das **Werk,** die Werke, werken, die Werkstatt, der Werktag, der Werktätige, das Werkzeug (6) → Hand → Statt
'Werk' heißt so viel wie Arbeit.
wert sein, viel wert
der **Wert,** die Werte, wertvoll
wesentlich
weshalb
die **Wespe,** die Wespen
wessen
die **Weste,** die Westen
der **Westen,** westlich
weswegen
wetten, er wettete, die Wette, der Wettkampf
das **Wetter,** der Wetterbericht (9)
Auf das Wetterleuchten folgt oft ein Gewitter.
wichtig
wickeln, sie wickelte
wider, aber: → wieder; der Widerhall, widerle-

gen, widerlich, widerrufen, der Widersacher, widersprechen, der Widerspruch (33), widerstehen, der Widerstand, der Widerwille, die Widerworte, erwidern
'Wider' heißt so viel wie: gegen. Gegen etwas sprechen ist 'widersprechen'.
widmen, er widmete, die Widmung
wie
wieder, aber: → wider;
wiederholen, die Wiederholung, das Wiedersehen
'Wieder' heißt so viel wie 'noch einmal': wiedersehen ...
auf **Wiedersehen!** → wieder
die **Wiege,** die Wiegen
wiegen, sie wog
wiehern, es wieherte
die **Wiese,** die Wiesen (11)
das **Wiesel,** die Wiesel
wieso
wie viel, wie viele
wild, die Wildnis
das **Wild**
der **Wille,** die Willen
willkommen
willkürlich
wimmeln, es wimmelte, das Gewimmel
wimmern, sie wimmerte (19)
der **Wimpel,** die Wimpel
die **Wimper,** die Wimpern
der **Wind,** die Winde, windig
die **Windel,** die Windeln
→ winden
winden, er wand, gewunden, die Windung
'Winden' ist mit 'wenden' verwandt. Die Straße windet sich den Berg hinauf: Sie ist gewunden wie ein Gewinde. – Die Wand bestand früher aus gewundenem Flechtwerk.
der **Winkel,** die Winkel
winken, sie winkte
winseln, er winselte
der **Winter,** die Winter
der **Winzer,** die Winzer
winzig
wippen, sie wippte, die Wippe
wir
der **Wirbel,** die Wirbel, wirbeln
wirken, es wirkte, die Wirkung
wirklich, die Wirklichkeit
wirr, der Wirrwarr
der **Wirt,** die Wirte, die Wirtschaft
wischen, er wischte, der Wischer
wissen, er weiß, er wusste, das Wissen
wittern, er witterte
die **Witterung**
die **Witwe,** die Witwen
der **Witz,** die Witze, witzig
wo
die **Woche,** die Wochen, der Wochentag, wochenlang
wofür

A B C D E F G H I J K L M N O P Q R S T U V W X Y Z

die **Woge,** die Wogen
woher, wohin
wie **wohl** ist mir!, Zum Wohl!, der Wohlstand, das Wohlwollen
wohnen, sie wohnte, die Wohnung (4)
der **Wolf,** die Wölfe
die **Wolke,** die Wolken, wolkig, bewölkt
die **Wolle**
wollen, sie will, sie wollte
woran, worauf, woraus
das **Wort,** die Wörter oder: die Worte, wörtlich
worum, worüber, wovon
das **Wrack,** die Wracks
die **Wucht,** wuchtig
wühlen, sie wühlte
die **Wunde,** die Wunden, wund sein
das **Wunder,** die Wunder, wunderbar, wunderschön
sich **wundern,** sie wunderte sich
der **Wunsch,** die Wünsche, wünschen
der **Wurf,** die Würfe
der **Würfel,** die Würfel
würgen, er würgte
der **Wurm,** die Würmer, wurmstichig
die **Wurst,** die Würste
die **Würze,** würzen, würzig
die **Wurzel,** die Wurzeln
die **Wüste,** die Wüsten
die **Wut,** wüten, wütend

x

die **X-Beine,** x-beinig

Y

die **Yacht** (auch: die Jacht), die Yachten

Z

die **Zacke** oder: der Zacken, die Zacken, gezackt
zackern* (pflügen)
zaghaft
zäh, die Zähigkeit
die **Zahl,** die Zahlen
zahlen, sie zahlte, die Zahlung
zählen, er zählte, der Zähler
zahm, gezähmt
der **Zahn,** die Zähne
die **Zange,** die Zangen
zanken, sie zankte, zänkisch, der Zank
der **Zapfen,** die Zapfen
zappeln, sie zappelte
zart, zärtlich, die Zärtlichkeit
zaubern, er zauberte, der Zauberer
der **Zaun,** die Zäune
das **Zebra,** die Zebras
die **Zecke,** die Zecken
zecken* (necken)
die **Zehe** oder: der Zeh, die Zehen
zehn, zehnmal, ein Zehntel
das **Zeichen,** die Zeichen
zeichnen, er zeichnete, der Zeichner, die Zeichnung
zeigen, er zeigte, der Zeiger

A B C D E F G H I J K L M N O P Q R S T U V W X Y Z

die **Zeile,** die Zeilen
die **Zeit,** die Zeiten, von Zeit zu Zeit, eine Zeit lang
die **Zeitschrift,** die Zeitschriften
die **Zeitung,** die Zeitungen
die **Zelle,** die Zellen
das **Zelt,** die Zelte
der **Zement,** zementieren
die **Zensur,** die Zensuren, zensieren
der **Zentner,** die Zentner
'Centum' (lateinisch) hieß: hundert.
das **Zentrum,** die Zentren
der **Zeppelin,** die Zeppeline
Graf Zeppelin flog 1900 sein erstes Luftschiff.
zerren, sie zerrte, die Zerrung
zerstören, er zerstörte (16)
der **Zettel,** die Zettel
das **Zeug**
der **Zeuge,** die Zeugen
Er bezeugt vor Gericht, was geschehen ist. Lässt sich das Gericht überzeugen?
das **Zeugnis,** die Zeugnisse
die **Zicke*** (Ziege)
im **Zickzack** laufen
die **Ziege,** die Ziegen (34)
der **Ziegel,** die Ziegel
ziehen, er zog
Eltern ziehen Kinder groß: Sie erziehen. Das Wort ungezogen meint eigentlich: nicht erzogen.
das **Ziel,** die Ziele, zielen
ziemlich

die **Zier,** sich zieren, zierlich
die **Ziffer,** die Ziffern
die **Zigarette,** die Zigaretten
die **Zigarre,** die Zigarren
der **Zigeuner,** die Zigeuner
Die deutschen Zigeuner nennen sich selber 'Sinti' und 'Roma' (das heißt: Menschen).
das **Zimmer,** die Zimmer
der **Zimmermann,** die Zimmerleute
zimperlich
der **Zimt**
das **Zink**
das **Zinn**
der **Zins,** die Zinsen
der **Zipfel,** die Zipfel
der **Zirkel,** die Zirkel
'Circulus' (lateinisch) hieß: Kreis.
der **Zirkus,** die Zirkusse
zirpen, es zirpte
zischen, es zischte
die **Zitrone,** die Zitronen
zittern, er zitterte
die **Zitze,** die Zitzen
zivil, der Zivilist
zögern, sie zögerte
der **Zoll,** die Zölle, der Zöllner, verzollen
die **Zone,** die Zonen
der **Zoo,** die Zoos
der **Zopf,** die Zöpfe
der **Zorn,** zornig
zu
das **Zubehör**
der **Zuber*** (großes Gefäß)
die **Zucht,** züchten, die Züchtung

zucken, es zuckte
der **Zucker,** zuckern
zudecken → Decke
zueinander
zuerst
der **Zufall,** die Zufälle, zufällig
zufrieden, die Zufriedenheit
der **Zug,** die Züge
der **Zügel,** die Zügel
Ein Riemen, um Zug auf das Pferdemaul auszuüben.
zugleich
zu Hause sein
der **Zuhörer,** die Zuhörer
die **Zukunft**
zuletzt
zum (zu dem Haus)
zunächst
zünden, sie zündete, die Zündung
zunehmen, die Zunahme
die **Zunge,** die Zungen
zupfen, er zupfte
zur Vorsicht
zurück → Rücken
zurückkommen
zusammen
zusammenstoßen, der Zusammenstoß
zuschauen, der Zuschauer
der **Zustand,** die Zustände
zutraulich
zuverlässig
zuversichtlich
zu viel, zu viele
zu wenig, zu wenige
zuwider → wider
der **Zwang,** die Zwänge
zwanzig
zwar
der **Zweck,** die Zwecke, zwecklos
zwei, zweihundert, zweimal
der **Zweifel,** die Zweifel, zweifeln
der **Zweig,** die Zweige
der **Zwerg,** die Zwerge
die **Zwetsche*,** die **Zwetschge*** (Pflaume)
zwicken, du zwickst, er zwickte, die Zwickmühle
der **Zwieback,** die Zwiebäcke
Zwieback ist 'zweimal gebacken'.
die **Zwiebel,** die Zwiebeln
das **Zwiegespräch,** die Zwiegespräche
Das heißt: Zweiergespräch.
der **Zwilling,** die Zwillinge
Das Wort bedeutet: Zweiling.
zwingen, er zwang, gezwungen, der Zwang
der **Zwinger,** die Zwinger
zwinkern, sie zwinkerte
der **Zwirn,** die Zwirne
zwischen, der Zwischenfall, der Zwischenraum
zwitschern, er zwitscherte
zwölf
der **Zylinder,** die Zylinder

A B C D E F G H I J K L M N O P Q R S T U V W X Y Z

Lösungen zu den Aufgaben der Seiten 4–11

16. Alessandra, Beate, Claudia, Daniela, Elli, Frank, Georg
43. Dach, Dezember, Donnerstag, Ecke, Eimer, Esel, Ferien, Flugzeug, Geschichte
18. Lehmann, Meier, Posser, Seiler, Wagner, Zander
34. Puppe, Qualm, Regen, Suppe, Tatze, Uhr, Wind, Zahn
51. Alle Wörter außer 'andere' werden großgeschrieben.
17. Giovanna, Inge, Jan, Katrin, Lisbeth, Mehmet, Nadine
27. EIS , KINO, LADEN, NAMEN, ORT, PAPA, ZWEIG; Lösungswort: SONNTAG
37. Augen 13, Ohren 41, Hals 29, Haare 29, Mund 39, Kopf 35, Nase 40
50. Glocke, Ampel, Topf, Bagger oder Bahn, Uhr, Bus, Messer, Dose, Auto
46. braun, groß, krank, lieb, dick, frech, froh, klein, klug, lustig
19. Auto, Bauch, Finger, Großmutter, Hund, Luft, Nase, Opa, Radio, Wind
38. Eber, Efeu, Eheleute, Eisen, Ekel, Elli, Ente, Erde, Esel
23. Bett, Dorf, Ferien, Gedicht, Hand, Jahr, Mädchen, Puppe, Radio, Zahn
35. Popo 42, Bauch 14, Kopf 35, Bein 15, Fuß 25
39. Ober, Ofen, Ohr, Oma, Onkel, Ort, Osten, Otto, Ozean
48. Kaninchen, Zunge, Eisen

Lösungen zu den Aufgaben der Seiten 61–64

1. Backe, baden, Bagger, Bahn, bald, Banane, Barren, Bast, Bauer, Bayern
13. Richtige Seitenzahl bei 'abstellen'.
5. Bank, Barometer, Base, Christ, Dame, Deich, Dialekt, Dieb, Dynamo, Fessel
2. lachen, Lack, Laden, Lager, lahm, lallen, Lampe, lang, Lappen, lassen, Latte
16. Fehler bei 'Bienenkönigin' und 'Werkzeugmaschine'.
3. 'krank' muss **vor** 'Kupfer' stehen.
17. Diese Grundformen musst du suchen: schneiden, bringen, schlafen, essen, rufen, stehlen, fahren, sitzen, essen.
12. Falsche Seitenzahlen bei 'Portionen' und 'Gläser'.
18. Zirkusclown 82, Geschäftsbummel 17, Tigerdompteur 67, Sturmflut 56
4. 'passen' muss **vor** 'quer' stehen, 'schwarz' **vor** 'schwer'.

Wörtersammlung zu sachkundlichen Themen

1 Körper

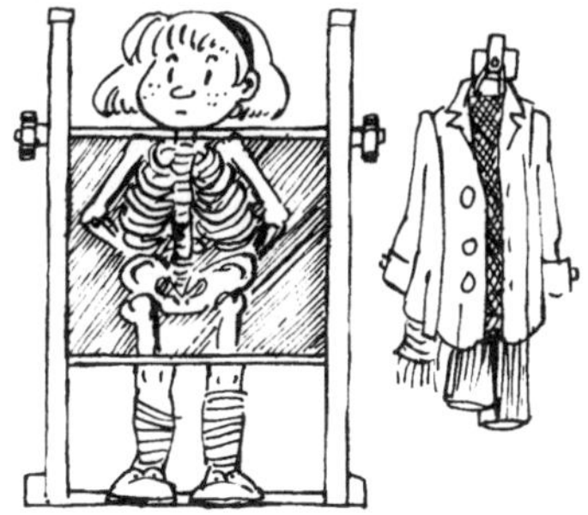

- Rumpf, Kopf, Hinterkopf, Stirn, Schläfe, Hals, Schulter, Achsel, Brust, Leib, Unterleib, Bauch, Rücken, Scheide, Glied, Popo, Gesäß
- Gesicht, Auge, Ohr, Nase, Mund
- Arm, Unterarm, Oberarm, Ellbogen (Ellenbogen), Hand, Finger, Daumen, Bein, Oberschenkel, Unterschenkel, Gelenk, Knie, Ferse (34), Knöchel, Zeh, Fuß
- Skelett, Knochen, Wirbel, Wirbelsäule, Rückgrat, Rippe, Schienbein, Schlüsselbein
- Magen, Darm, Herz, Lunge, Niere, Leber, Galle, Blase
- Kot, Urin
- Blut, Ader, Fleisch, Fett, Muskel, Muskulatur, Sehne, Nerv, Drüse, Haut, Haar
- Lippe, Gebiss, Zahn, Zunge, Gaumen, Speichel, Spucke, Speiseröhre, Luftröhre

- atmen, essen (17), trinken, sprechen (15, 33), sehen (14), hören, riechen, schmecken, gehen (13), sitzen (32), stehen, liegen, schlafen, weinen (19), lachen (18, 35), schwitzen, frieren, zittern

- groß, klein, dick, schlank, stark, schwach (24), jung, alt, kräftig, stämmig, untersetzt, gedrungen, muskulös, riesenhaft, breitschultrig, zart, müde, erschöpft, abgespannt, verweichlicht, gesund, krank, schön, hässlich

2 Nahrung
(vergleiche auch:
1 Körper)

- Frühstück, Mittagessen, Mittagbrot, Abendessen (34), Abendbrot (34), Picknick
- Speise, Getränk, Vorspeise, Mahlzeit, Hauptmahlzeit, Nachtisch, Lieblingsspeise, Leibgericht
- Kompott, Pudding, Nachspeise
- Esswaren, Nahrungsmittel, Lebensmittel, Futter, Kost, Nahrung, Genussmittel
- Vitamine, Nährstoffe
- Milcherzeugnisse, Milchwaren, Milch, Käse, Butter, Quark, Joghurt (Jogurt), Sahne
- Mehlprodukte, Mehl, Teigwaren, Brot (34), Weißbrot, Schwarzbrot, Graubrot, Pumpernickel, Brötchen/Semmel, Kuchen, Torte, Keks, Spekulatius, Nudeln, Spaghetti (Spagetti), Pizza, Grieß
- Nährmittel, Reis, Mais
- Gemüse, Bohne, Blumenkohl, Rotkohl/Rotkraut/Blaukraut (34), Mohrrübe/gelbe Rübe/Wurzel (34), Erbse, Kartoffel
- Salat, Feldsalat, Endiviensalat, Kopfsalat
- Obst, Früchte, Apfel, Birne, Banane, Apfelsine, Zitrone, Kirsche, Pflaume, Beere
- Fleisch, Aufschnitt, Wurst, Braten, Schinken, Geflügel, Wild
- Fisch
- Gewürz, Salz, Zucker, Süßstoff, Senf, Ketchup (Ketschup), Zimt, Pfeffer, Zwiebel, Petersilie
- Süßwaren, Süßigkeiten, Konfekt, Praline, Schokolade, Bonbon (34), Kaugummi
- Suppe, Brühe, Bouillon
- Fett, Margarine, Öl, Butter
- Aufstrich, Konfitüre, Marmelade, Gelee, Honig

- Getränke, Milch, Saft, Most, Tee, Kaffee, Kakao, Mineralwasser, Limonade, Bier, Wein
- Verpackung, Tüte, Dose, Konservenbüchse, Flasche, Glas, Papier, Karton, Schachtel, Müll
- Schüssel, Topf, Pfanne, Kessel
- Tisch, Tischdecke, Serviette, Kellner, Gedeck
- Besteck, Löffel, Gabel, Messer, Teller, Tasse, Untertasse, Glas, Becher
- Tischsitte, Essgewohnheit
- Geschmack, Geruch
- Appetit, Hunger, Durst

- essen (17), speisen (17), aufessen, frühstücken (17), schmausen, hinunterschlingen (17), fressen (17), trinken, schlürfen, schlucken, schmecken, kosten, probieren (17), nippen, naschen (34), beißen, kauen, rülpsen, schlabbern, schlemmen
- hungern, fasten, verhungern
- kochen, braten, grillen, dünsten, backen, einkochen, einfrieren, haltbar machen
- pfeffern, salzen, süßen, würzen, versalzen
- Tisch decken, abräumen, spülen, abtrocknen

- vielseitig, abwechslungsreich, schmackhaft, lecker, gesund, frisch, regelmäßig
- würzig, herzhaft, süß, sauer, salzig, bitter
- kalt, lauwarm, warm, heiß
- satt, gesättigt, hungrig, ausgehungert, durstig, nüchtern, voll gefressen

3 **Familie**
(vergleiche auch:
4 Wohnen)

- Familienmitglied, Angehöriger, Verwandter
- Eltern, Vater, Mutter, Alleinerziehende(r), Kind, Geschwister, Zwilling, Bruder, Schwester, Sohn, Tochter, Stiefvater, Stiefmutter, Adoptivkind; Großeltern, Großvater, Opa, Großmutter, Oma; Urgroßeltern, Vorfahren, Ahnen, Generation; Verwandte, Verwandtschaft, Tante, Onkel, Nichte, Neffe, Vetter (Cousin), Base, Kusine (Cousine), Schwager, Schwägerin, Schwiegervater, Schwiegermutter, Schwiegersohn, Schwiegertochter, Enkel; Erbe
- Verlobung, Trauung, Vermählung, Hochzeit, Ehe, Scheidung
- Brautleute, Brautpaar, Braut, Bräutigam, Mann, Ehemann, Frau, Ehefrau
- Witwe, Witwer, Waise
- Geburt, Taufe, Konfirmation, Kommunion, Tod, Beerdigung, Bestattung
- Ähnlichkeit
- Familienstammbuch, Urkunde, Stammbaum
- Baby, Säugling, Kleinkind, Spielkind, Schulkind, Jugendlicher, Erwachsener, Senior
- Jugend, Alter, Lebensabend
- Andenken, Erbe, Erinnerung, Fotoalbum

- verloben, heiraten, vermählen, sich scheiden lassen, adoptieren
- sprechen (15, 33), spielen, spazieren gehen (13), verreisen, essen (17), sich unterhalten (15), streiten, zanken, einander helfen, sich ärgern, lieben, verzeihen, vertrauen, feiern, trösten, jemanden pflegen, schenken (20)
- erben, vererben
- verwandt, verschwägert, verliebt, verlobt, verheiratet, geschieden, allein erziehend

4 Wohnen

- Wohnort, Wohngebiet, Ortskern, Ortsrand, Vorort, Innenstadt, Altstadt, Neubaugebiet, Siedlung, Verwaltungszentrum, öffentliche Gebäude (26), Einkaufszentrum, Erholungsgebiet, Industriegebiet, Verkehrsweg, Verkehrsverbindung; Wohnungsangebot, Wohnlage, Ortswechsel, Schulangebot
- Einfamilienhaus, Mietwohnung, Reihenhaus, Hochhaus, Hütte, Villa, Bungalow, Eigentumswohnung, sozialer Wohnungsbau, Etagenwohnung, Baracke, Wohnwagen
- Neubau (26), Altbau
- Erdgeschoss, Parterre, Stockwerk, Etage, Mansarde, Treppenhaus, Fahrstuhl
- Dach, Giebel, Traufe, First
- Miete, Mietvertrag, Kündigung, Hausordnung
- Mieter, Vermieter, Hauswart, Hausmeister, Nachbar, Nachbarschaft
- Fenster, Tür, Wand, Außenwand, Mauer, Pfeiler
- Zimmer, Raum, Stube, Kammer, Küche, Kochnische, Diele, Bad, Kinderzimmer, Wohnzimmer, Essecke, Schlafzimmer, Arbeitszimmer, Gästezimmer, Keller, Heizungskeller, Dachboden (34), Speicher (34), Toilette, Klosett, Besenkammer, Balkon, Terrasse, Garage
- Umzug, Einzug, Auszug, Möbelpacker, Speditionsfirma, Möbelwagen
- Möbel, Schrank, Tisch, Stuhl, Kommode, Regal, Spiegel, Sessel, Sofa, Lampe, Bett, Wäscheschrank, Teppich, Vorhang, Gardine, Bücher, Bücherschrank, Schreibtisch, Klavier, Radio, Fernseher, Videorekorder, Plattenspieler, Stereoanlage, Computer, CD-Spieler, Heizung, Waschmaschine, Herd, Spülmaschine
- Staubsauger, Besen, Handfeger, Müllschippe, Kehrschaufel, Aufnehmer, Schrubber, Staublappen, Mülleimer, Container

- wohnen, einziehen, ausziehen
- lesen, sich unterhalten (15), plaudern (35), fernsehen, musizieren, Musik hören, spielen, schlafen, essen (17), feiern, kochen, backen, Besuch haben, Gäste einladen
- waschen, abtrocknen, staubwischen/Staub wischen, Staub saugen/staubsaugen, aufräumen, putzen, fegen, Betten machen, Wäsche waschen, bügeln, Blumen gießen
- renovieren, tapezieren, anstreichen

- wohnlich, heimelig, gemütlich, warm, kalt, kahl, geschmackvoll, geschmacklos

5 Schule

(vergleiche auch: 6 Arbeit)

- Schüler, Schülerin, Klassenkamerad, Lehrer, Lehrerin, Schulleiter, Rektor, Rektorin, Sekretärin, Hausmeister, Putzfrau, Banknachbar, Freundin, Freund, Klassensprecher
- Klasse, Klassenraum, Spielecke, Leseecke, Flur, Pausenhof, Toilette, Lehrmittelraum, Turnhalle, Lehrerzimmer, Büro, Aula, Schülerbücherei
- Schulbeginn, Unterrichtszeit, Stunde, Stundenplan, Pause, Pausenzeichen, Frühstückspause, Hofpause, Aufsicht, Schulschluss, Schulbus, Ferien
- Klassenordnung, Klassenamt, Schulordnung
- Schullandheim, Jugendherberge, Wanderung, Wandertag, Schulausflug
- Eltern, Elternabend, Elternsprechtag, Elternbesuch, Elternbrief
- Heft, Buch, Tafel, Kreide, Tinte, Füller, Kugelschreiber, Bleistift, Buntstift, Filzstift, Radiergummi, Anspitzer, Lineal, Federtasche, Etui, Schultasche (34), Tornister (34)

- Unterricht, Stillarbeit, Freiarbeit, freie Arbeit, Partnerarbeit, Schuldruckerei, Hausaufgaben, Klassenarbeit, Diktat, Zeugnis, Note, Zensur, Berichtigung, Klassenfest, Schulfeier
- Sprache (33), Deutsch, Lesen, Rechtschreiben, Aufsatz (32), Grammatik, Sprachlehre, Mathematik, Sachkunde, Heimat- und Sachunterricht, Sport, Leibeserziehung, Musik, Kunst, Textilarbeit, Textiles Gestalten, Werken, Schwimmen, Religion, Ethikunterricht, Förderunterricht
- Wunsch, Bitte, Meinung, Ansicht, Verhalten, Vertrauen, Verantwortung
- Anerkennung, Lob, Belohnung; Ablehnung, Rüge, Tadel, Strafe
- Mitwirkung, Mitbestimmung, Pflicht, Recht, Spielregel, Entscheidung, Mehrheit, Demokratie

- lesen, schreiben, rechnen, untersuchen, erforschen, singen, musizieren, malen, zeichnen, beten, basteln, werken, schwimmen, turnen, tanzen, weben, nähen, häkeln, sticken, stricken
- lehren, lernen, etwas durchnehmen (31), sich freuen, Angst haben, schwätzen, schwatzen (15, 35), aufpassen, nicht aufpassen, zuhören, mitarbeiten, Spaß haben, Rücksicht nehmen, sitzen, stehen, abschreiben, abgucken, mogeln, schummeln, sitzen bleiben, versetzt werden (32), loben, schimpfen, tadeln, fragen (15), antworten (15), reden (15), sprechen (15, 33), an die Tafel kommen, prügeln, schlagen, schreien, gehorchen

- gerecht, ungerecht, fröhlich, lustig, streng, milde, interessant, spannend, gehorsam, ungehorsam, frech, lieb, fleißig, faul, pünktlich, unpünktlich

- Schule in alter Zeit: Schiefertafel, Griffel, Schwämmchen, Schwammdose, Dreisitzerbank, Fünfsitzerbank, Eselsbank, Katheder, Tintenfass, Rohrstock, Schläge, Spucknapf, 'Kanonenofen', Schulmeister, Kartoffelferien, Klassenerste(r)

6 Arbeit

- Arbeit, Beschäftigung, Ausbildung, Beruf, Dienst; Arbeitszeit, Frühschicht, Spätschicht, Überstunden; Teilzeitarbeit; Arbeitsplatz, Arbeitsstätte
- Feierabend, Arbeitspause, Freizeit, Erholung, Urlaub
- Lehrling, Stift, Auszubildende(r), Azubi, Geselle, Meister, Chef, Gehilfe, Handlanger, Mitarbeiter, Arbeiter, Angestellter, Hilfsarbeiter, Angelernter
- Faulenzer, Arbeitsscheuer, Bummelant, Drückeberger, Faulpelz, Nichtstuer
- Kollege, Kollegin, Arbeitnehmer, Arbeitgeber, Arbeitsloser, Kurzarbeiter
- Arbeitsamt, Gewerkschaft, Streik, Aussperrung
- Industriebetrieb, Fabrik, Firma, landwirtschaftlicher Betrieb, Dienstleistungsbetrieb, Büro, Geschäft, Handwerk, Werkstatt, Reparaturwerkstatt, Haushalt
- Arbeitsablauf, Aufgabe, Arbeitsschritt, Arbeitsorganisation, Arbeitsteilung, Handarbeit, Maschinenarbeit, Verarbeitung, Herstellung, Reparatur
- Arbeitsgerät, Maschine, Handwerkszeug, Computer
- Erzeugnis, Rohstoff, Material, Fertigware
- Anforderung, Erfolg, Misserfolg, Freude, Verdruss, Ärger, Leistung
- Lohn, Gehalt, Stundenlohn, Bruttolohn, Nettolohn, Verdienst, Einkommen, Steuer

- arbeiten (21, 34), schaffen (21, 34), sich beschäftigen (21), werken, wirken, Hand anlegen, vollbringen, sich quälen (21), schuften (21), sich anstrengen (21)
- murksen, pfuschen, schludern, wursteln (34)

- faulenzen, trödeln, bummeln, ausruhen, herumlungern, schwänzen, blaumachen
- streiken

- fleißig, emsig, geschäftig, tätig
- faul, lässig, nachlässig, unlustig, arbeitsscheu, fahrlässig, gleichgültig
- arbeitslos, stellungslos, beschäftigungslos
- gründlich, sorgfältig, ordentlich, zuverlässig
- flüchtig, gedankenlos, gleichgültig, liederlich, oberflächlich, schlampig

7 **Fußgänger, Fahrrad**

(vergleiche auch: 8 Auto)

- Verkehrsteilnehmer, Verkehrspartner, Radfahrer, Verkehrspolizist, Schülerlotse
- Verkehrsstrom, Berufsverkehr
- Straße, Gehweg, Bürgersteig, Schulweg, Fußgängerüberweg, Überweg, Unterführung, Überführung, Zebrastreifen, Fahrbahn (29), Damm, Fahrbahnrand, Radfahrweg, Landstraße, Kreuzung, Straßeneinmündung, Seitenstreifen, Gehweggrenze, Rinnstein, Bordstein, Bordsteinkante, Verkehrsinsel, Bahnübergang, Haltestelle, Einbahnstraße, Kurve, Engpass
- Ampel, Fußgängerampel, Lichtzeichenanlage, Blinkampel, Druckampel, Ampelphase, Zeichen, Signal
- Verkehrsregel, Vorfahrtsregel, Verkehrsschild, Schild, Schranke, Fahrbahnmarkierung, Haltelinie, Pfeil, Leitlinie, Wartelinie, Halteverbot, Überholverbot, Leitpfosten, Richtungstafel, Gefahrenzeichen

- Fahrrad, Zweirad, Herrenrad, Damenrad, Kinderrad, Tandem
- Beleuchtung, Scheinwerfer, Dynamo, Bremse, Handbremse, Gangschaltung, Kette, Klingel, Glocke, Lenkung, Lenker, Gepäckträger, Tretstrahler, Rückstrahler, Rücklicht, Bereifung, Reifen, Reifenprofil, Schutzblech, Sattel, Kettenspannung, Standfestigkeit, Nabe, Kraftübertragung, Ventil, Stromkreis, Reflektor, Luftpumpe
- Geradeausfahrt, Fahrtrichtung, Richtungsanzeige, Spur, Bogen, Kurve, Gleichgewicht
- Verkehrssicherheit, Vorschrift, Ordnung, Regelung, Verbot
- Panne, Wartung, Pflege
- Gefahrenstelle, Gefährdung, Witterung, Regen, Nebel, Schnee, Glatteis, Dunkelheit, Seitenwind, Kleidung, Schutzbekleidung, Schiene, Kopfsteinpflaster, Geräusch, Geschwindigkeit, Sicherheitsabstand, Entfernung, Sichtbehinderung, Sichtpunkt, Sichtwinkel, Schleudergefahr, Rutschgefahr, Schrecksekunde
- Sturz, Unfall, Helm
- Handzeichen, Blickkontakt, Aufmerksamkeit, Fehlverhalten
- Jugendverkehrsschule, Übungsplatz, Radfahrtraining, Radfahrprüfung

- beobachten (14), warten, abschätzen, überschauen, beurteilen, voraussehen, sich verständigen, sich orientieren, trödeln, hetzen
- fahren (29), überholen, heranfahren, auffahren, abbiegen, vorbeifahren, anfahren, anhalten, bremsen, beschleunigen, einfädeln, einordnen, einfahren, ausweichen, beherrschen, lenken, aufsteigen, absteigen, umsehen, schieben, einhändig lenken, rückwärts blicken, rollen, wenden, halten

- verkehrsgerecht, partnerschaftlich, rücksichtsvoll, umsichtig, vorsichtig, verkehrssicher, zügig, hastig, unsicher, leichtsinnig

8 **Auto** (vergleiche auch: 7 Fußgänger, Fahrrad)

- Auto, Wagen, Fahrzeug (29), Personenkraftwagen (Pkw), Lastkraftwagen (Lkw), Krankenwagen, Tankwagen, Taxi, Autobus, Omnibus, Bus, Transporter
- Garage, Parkplatz, Parkuhr, Parkhaus
- Motor, Bremse, Getriebe, Reifen, Kofferraum, Auspuff, Rückspiegel, Blinker, Fahrersitz, Beifahrersitz, Sicherheitsgurt, Rücksitz, Gangschaltung, Automatik, Anlasser, Zündschlüssel, Gas, Lenkrad, Stoßstange, Fernlicht, Standlicht, Abblendlicht, Rücklicht
- Benzin, Super, Normal, Diesel, Kühlwasser, Tankstelle, Tankwart, Tanksäule, Inspektion, Reparatur, Reservekanister
- Panne, Unfall, Blechschaden, Zusammenstoß, Polizei, Verwarnung, Bußgeld
- Fahrer, Beifahrer, Insassen
- Verkehrsregel, Vorfahrt (29)
- Bundesstraße, Landstraße, Autobahn, Leitplanke, Fahrbahn (29), Kreuzung, Gabelung, Kurve
- Wegweiser, Vorwegweiser, Ortsschild, Straßenkarte
- Ampel, Haltelinie, Verkehrsschild, Halteschild, Vorfahrtsschild, Geschwindigkeitsbegrenzung, Einbahnstraße
- Geschwindigkeit, Tempo, Vorfahrt, toter Winkel
- Fracht, Fuhre (29), Ladung, Last

- starten, anlassen, schalten, fahren (29), rasen, rollen, schleudern, lenken, einschlagen, wenden, überholen, einordnen, abbiegen, bremsen, halten, Halt machen, parken, rasten
- verladen, transportieren

- schnell (22), flott (22), gemächlich (23), langsam (23), aufmerksam, vorsichtig, rücksichtsvoll

9 Wetter

- Thermometer, Grad Celsius (°C), Wetterkarte, Meteorologe, Wettervorhersage, Wetterhahn, Wetterfrosch, Bauernregel

- Sonne, Sonnenschein
- Bewölkung, Wolke, Gewölk, Wolkenwand, Federwolke, Haufenwolke, Schäfchenwolke, Gewitterwolke
- wolkig, bewölkt, klar, heiter, sonnig, bedeckt, wolkenlos

- Wind, Sturm, Orkan, steife Brise, Bö/Böe, Hauch, Lüftchen, Nordwind ..., Himmelsrichtung, Luftzug, Windstoß, Föhn
- wehen, blasen, stürmen, fauchen/pfauchen (35), sausen (35), säuseln, fächeln, flüstern (35), pfeifen, brausen (35), toben, heulen (19)
- windig, stürmisch, böig, zugig

- Niederschlag, Regen, Tau, Nebel, Dunst, Schauer, Nieselregen, Platzregen, Landregen, Wolkenbruch (28), Hagel, Graupel
- regnen, gießen, pladdern, schütten, strömen, nieseln (34)
- neblig, regnerisch, trüb, diesig, nass, feucht

- Temperatur, Wärme, Kälte, Hitze, Affenhitze, Bullenhitze, Schwüle, Abkühlung, Kühle
- mild, warm, sommerlich, heiß, schwül, drückend, kühl, kalt, eiskalt, bitterkalt, nasskalt

- Gewitter, Unwetter, Blitz, Donner, Donnerrollen, Donnerschlag, Einschlag
- blitzen, donnern, wetterleuchten, rummeln, grollen (35), krachen (35), einschlagen

- Schnee, Schneeflocke, Schneetreiben, Schneegestöber, Schneeschauer, Schneesturm, Schneewehe, Lawine, Eis, Glatteis, Raureif, Eiszapfen, Tauwetter, Frost
- schneien, hageln, graupeln, frieren, vereisen, tauen
- winterlich, vereist, frostig

10 **Wald** (vergleiche auch: 11 Wiese, Feld)

- Nadelwald, Laubwald, Mischwald; Forst, Schonung, Lichtung, Baumschule
- Kraut, Strauch, Busch, Hecke, Gehölz, Unterholz, Gestrüpp, Gesträuch, Dickicht; Haselstrauch, Heckenrose
- Baum, Nadelbaum, Laubbaum; Tanne, Fichte, Kiefer, Lärche, Buche, Eiche, Erle, Ahorn, Birke, Kastanie, Linde
- Stamm, Ast, Zweig, Nadel, Blatt, Blattrand, Blattader, Blattstiel, Frucht
- Eichel, Buchecker, Tannenzapfen, Kiefernzapfen
- Waldbeere, Heidelbeere/Blaubeere (34), Brombeere, Himbeere, Haselnuss, Hagebutte, Gras, Farn, Moos, Schlingpflanze, Pilz
- Naturschutz, Pflanzenschutz, Tierschutz, saurer Regen, Waldbrand, Müll
- Hochsitz
- Hase, Kaninchen, Fuchs, Dachs, Maus, Eichhörnchen, Ameise, Käfer, Schnecke, Wurm, Reh, Hirsch, Wildschwein, Waschbär, Kuckuck (35), Meise, Specht, Amsel, Kauz, Eule, Taube, Häher (35), Bussard
- Bach, Teich, See, Libelle
- Fahrweg, Wanderweg, Pfad, Holzweg
- Förster, Jäger, Heger, Waldarbeiter, Spaziergänger

- Märchen: Rotkäppchen, Hänsel und Gretel, Schneewittchen, Rumpelstilzchen

- wachsen, keimen, sprießen, blühen, verdorren, vermodern, verfaulen
- roden, pflanzen, aufforsten, abholzen, Bäume schlagen, fällen, jagen, schießen, hegen, Wild und Vögel füttern
- wandern, spazieren gehen (13), spielen, Beeren suchen, Pilze suchen, Tiere beobachten, Urlaub machen, sich verlaufen

- dunkel, finster, beängstigend, hell, licht, dicht, kühl, feucht, unheimlich; giftig, geschützt

11 **Wiese, Feld** (vergleiche auch: 10 Wald und 12 Garten)

- Wiese, Feld, Acker, Furche, Stoppelfeld, Scholle, Feldweg, Weide, Hecke
- Gras, Heu, Getreide, Korn, Weizen, Roggen, Gerste, Hafer, Mais, Kartoffel, Zuckerrübe, Futterrübe; Halm, Rispe, Ähre
- Ernte, Samen, Aussaat
- Bauernhof, Hof, Aussiedlerhof, Anwesen, Gut, Dorf
- Bauer (26), Bäuerin, Landwirt, Gutsbesitzer, Pächter, Verwalter
- Traktor, Pflug, Egge, Miststreuer, Sämaschine, Mähmaschine, Mähdrescher, Roder, Sense, Sichel, Dreschmaschine, Dreschflegel
- Dung, Dünger, Kunstdünger, Mist, Jauche
- Erntedankfest, Erntefest
- Igel, Blindschleiche, Hase, Kaninchen, Maulwurf, Feldmaus, Hamster, Wiesel, Bussard, Krähe, Lerche, Taube, Sperling, Spatz, Meise, Habicht, Elster, Rebhuhn, Heuschrecke (34), Insekten, Biene, Wespe, Hummel (35), Käfer, Schmetterling
- Nestbau, Brutpflege, Jungenaufzucht, Vogelzug; Vogelschutz, Feind
- Gänseblümchen, Schlüsselblume, Wiesenschaumkraut, Margerite, Kamille, Distel, Quecke, Rainfarn, Löwenzahn, Gras, Klee, Kornblume, Klatschmohn

- ackern, anpflanzen, das Feld bestellen, anbauen (26), bebauen (26), bewirtschaften, düngen, pflügen, eggen, säen, ernten, mähen, pflücken, schneiden

- ertragreich, fruchtbar, ergiebig, brach, dürr, kahl, karg, unergiebig, unfruchtbar

12 Garten

(vergleiche auch:
2 Nahrung,
10 Wald
und 11 Wiese, Feld)

- Gärtner, Gärtnerei, Schrebergarten, Kleingarten
- Beet, Mistbeet, Komposthaufen, Gewächshaus
- Tomate, Kürbis, Radieschen, Kohl, Kartoffel, Karotte/Mohrrübe/gelbe Rübe/Wurzel (34), Weißkohl/Weißkraut (34), Rotkohl/Rotkraut/Blaukraut (34), Salat, Bohne, Erbse, Unkraut
- Sonnenblume, Stiefmütterchen, Veilchen, Margerite, Lupine
- Apfel, Birne, Kirsche, Pflaume, Zwetsch(g)e, Pfirsich, Walnuss, Haselnuss
- Samen, Setzling (32), Ableger, Steckling, Ausläufer
- Knospe, Blüte, Blütenblatt, Kronblatt, Kelchblatt, Staubblatt, Blütenstaub, Stempel, Narbe, Griffel, Fruchtknoten, Stängel, Wurzel, Knolle, Zwiebel
- Bestäubung, Befruchtung, Keimung, Wachstum, Frucht
- Boden, Bodenart, Dünger, Kunstdünger, Mist, Kompost
- Erntedankfest, Erntefest
- Blattlaus, Schnecke, Marienkäfer (34), Ameise, Biene, Regenwurm, Schmetterling, Raupe
- Hacke, Spaten, Harke (34), Rechen (34), Sense, Sichel

- säen, pflanzen, beschneiden, ernten, jäten, graben, harken, hacken, düngen, gießen, schneiden, kompostieren

Wortfelder

13 gehen

gehen	Bei Grün **gehen** wir über die Straße.
laufen	Die Kinder **laufen** hinter dem Rattenfänger her.
rennen	So schnell sie kann, **rennt** sie zur Polizei.
schreiten	Das Brautpaar **schreitet** feierlich in die Kirche.
marschieren	Im Gleichschritt **marschieren** die Soldaten.
schleichen	Uwe und Katja **schleichen** vorsichtig um die Hütte herum.
huschen	Als ich mich bewegte, **huschte** die Maus ins Loch.
springen	Die Katze **springt** vom Dach.
bummeln	Wir **bummeln** durch die Stadt und sehen in Schaufenster.
waten	Bis zu den Knöcheln **waten** wir durchs Bächlein.
spazieren gehen	Heute Nachmittag **geht** die Familie im Park **spazieren.**

14 sehen

sehen	Auch ohne Brille kann ich gut **sehen.**
beobachten	Durch sein Fernglas **beobachtet** der Jäger Rehe.
betrachten	Die Kinder **betrachten** ihre Bilder aus dem Kunstunterricht.
entdecken	Eines Morgens **entdeckt** Thomas seinen Hamster in der Schultasche.
blinzeln	Sie **blinzelt** im hellen Sonnenlicht.
besichtigen	Im Urlaub haben wir mehrere Burgen **besichtigt.**
gucken	Andrea **guckt** durchs Schlüsselloch ins Weihnachtszimmer.
gaffen	Viele Leute standen an der Unfallstelle und **gafften.**

15 sprechen

sprechen	Stefan **spricht** so schnell, dass man ihn kaum versteht.
sagen	Kannst du mir das nicht etwas freundlicher **sagen**?
reden	Herr Meier **redet** ununterbrochen. Lasst ihn doch **reden**!
erwähnen	Im Brief an seine Großeltern **erwähnt** Klaus seinen neuen Fahrradsattel nur nebenbei.
plappern	Das Kleinkind **plappert** vor sich hin.
sich unterhalten	Die beiden **unterhalten sich** übers Fernsehprogramm.
meinen	Claudia **meint**: „Wir sollten uns das nicht gefallen lassen!“
erzählen	Unsere Lehrerin kann sehr gut Geschichten **erzählen**.
berichten	Ich **berichtete** dem Polizisten, was ich bei dem Unfall gehört und gesehen hatte.
fragen	„Kannst du das rechnen?“, **fragt** Andrea Conny.
antworten	„Nein, das kann ich nicht“, **antwortet** Conny.
jammern	Petra **jammert** den ganzen Tag, weil sie ihr Milchgeld verloren hat.
schwatzen	Die Kinder am Nachbartisch **schwatzen** dauernd.
flüstern	Geli **flüstert**: „Hoffentlich entdecken sie uns nicht in unserem Versteck!“
tratschen	Uli **tratscht** dauernd über Peters Familie.

16 zerstören

zerstören	Manche Telefonhäuschen werden immer wieder von Rüpeln **zerstört**.
kaputtmachen	Du hast meine Uhr **kaputtgemacht**, weil du sie überdreht hast.
zerschmettern	Vor Wut **zerschmetterte** er die Vase auf dem Boden.
abreißen	Das alte Haus wird **abgerissen**.

zerreißen	Einen anonymen Brief sollte man einfach **zerreißen**.
vernichten	Das Feuer hat die ganze Fabrik **vernichtet**.

17 essen

essen	Dorothee kann mit Messer und Gabel **essen**.
frühstücken	Sonntags **frühstücken** wir erst um zehn Uhr.
probieren	Der Koch **probiert,** ob die Suppe gut gewürzt ist.
speisen	Im Restaurant **speist** eine Hochzeitsgesellschaft.
schlingen	Unser Hund **schlingt** im Nu sein Futter hinunter.
fressen	Du solltest nicht so gierig **fressen**, Ajax!
löffeln	Michael **löffelt** jeden Morgen seine Milchsuppe.

18 lachen

lachen	Über deine Witze kann ich nicht **lachen.**
jubeln	„Tor!“, **jubelten** die Fußballspieler.
schmunzeln	Opa gibt mir heimlich zwei Mark. Er **schmunzelt**: „Ich kam früher auch nie mit dem Taschengeld aus.“
grinsen	„Ich hab die Luft aus deinen Fahrradreifen gelassen“, **grinst** der große Anton.
kichern	Die beiden Mädchen stießen sich mit den Schultern an und **kicherten.**
auslachen	Ihr sollt mich nicht **auslachen**, weil ich das nicht kann!
lächeln	Andrea **lächelt** heimlich ihrem Freund zu.

19 weinen

weinen	Uwe ist so traurig, dass er **weinen** muss.
schluchzen	Laut **schluchzend** zeigte Petra ihrer Mutter das zerrissene Heft.

wimmern	Das allein gelassene Kind **wimmerte** leise vor sich hin.
jammern	Immer wieder spricht Petra von dem verlorenen Milchgeld. „Hör endlich auf zu **jammern**!“, schimpft Pit.
heulen	Laut **heulend** kam Markus an die Wohnungstür: „Die Steffi hat mich gehauen, auuu!“

20 geben

geben	Papa sagt: „Ich kann dir nicht jeden Tag Geld für neue Hefte **geben**!“
aushändigen	Die Lehrerin **händigt** jedem Kind feierlich das Zeugnis **aus**.
übermitteln	Wir **übermitteln** unsere eilige Nachricht mit einem Telegramm.
vermachen	Oma hat mir ihren Spazierstock **vermacht**.
schenken	Susi bekommt zum Geburtstag einen Tretroller **geschenkt.**
bescheren	Die Eltern **bescheren** die Kinder unterm Weihnachtsbaum.
spenden	Die Fernsehzuschauer **spendeten** Geld für den Tierschutz.
liefern	**Liefern** Sie uns bitte morgen die neuen Möbel ins Haus.

21 arbeiten

arbeiten	Mein Vater **arbeitet** täglich achteinhalb Stunden.
sich beschäftigen	Nach Feierabend **beschäftigt** er **sich** mit seinen Briefmarken.
sich anstrengen	„Du musst dich beim Laufen mehr **anstrengen**“, sagt die Lehrerin.
sich quälen	Der Radfahrer **quält sich** die steile Bergstraße hoch.
schuften	Der Gefangene musste von früh bis spät im Steinbruch **schuften.**
schaffen	Die Künstlerin hat ein berühmtes Kunstwerk **geschaffen**.

22 schnell

schnell	Warum hat sich Herr Müller ein **schnelleres** Auto gekauft?
rasch	Als das Schiff im Sturm unterzugehen drohte, fasste der Kapitän einen **raschen** Entschluss.
flink	Der kleine Bursche ist **flink** wie ein Hase.
flott	In unserer Bäckerei wird man **flott** bedient.
blitzschnell	**Blitzschnell** duckte sich der Boxer vor dem Schlag seines Gegners.
ruckartig	**Ruckartig** wandte er sich um.

23 langsam

langsam	Der Zug setzt sich **langsam** in Bewegung.
bedächtig	**Bedächtig** stopft der Detektiv seine Pfeife.
gemächlich	Die beiden Alten machen einen **gemächlichen** Spaziergang.
träge	Bei der großen Hitze bewegten sie sich nur **träge** vorwärts.
schwerfällig	Die dicke Ente watschelt **schwerfällig** zum Wasser.

24 leise

leise	Stell bitte das Radio **leise.**
gedämpft	Durch die geschlossene Tür drang **gedämpfte** Musik.
schwach	Der Kranke sprach mit **schwacher** Stimme.
lautlos	**Lautlos** zieht der Raubvogel seine Kreise.

25 laut

laut	Die Lehrerin mahnt: „Seid nicht so **laut**!"
schallend	Alle brachen in **schallendes** Gelächter aus.
gellend	Mitten in der Nacht hörten wir einen **gellenden** Hilferuf.
schrill	Unsere Schule hat eine **schrille** Klingel.
ohrenbetäubend	Neben der großen Maschine war der Lärm **ohrenbetäubend.**
krachend	Die Tür fiel **krachend** zu.

Wortfamilien

26 bauen

ans Haus einen **Anbau anbauen**
eine Möglichkeit **verbauen**
ein Gelände mit Häusern **bebauen**
das **Gebäude**
der **Bau** des Fuchses
Rüben **anbauen**
der **Straßenbau**
der **Ackerbau**
der **Bauer**
das oder der **Vogelbauer**
der **Neubau** (das neue Haus)

27 binden

der **Binder** (Schlips)
die Wunde **verbinden**
der **Bindestrich**
das gewebte **Band**
die **Räuberbande**
Die Verträge sind **verbindlich.**
der **Bindfaden**
der **Tierbändiger**
die **Bundesrepublik** Deutschland
die **Armbinde**
jemanden telefonisch **verbinden**
der **Verband** um die Wunde
die **Entbindung** (Geburt)
zwei **Bände** Karl May
ein **Bund** Radieschen
ein **Bündel** Stroh
Er **bündelt** Stroh.
die **Verbündeten**
das **Bündnis** zweier Staaten

28 brechen

einen Stock **brechen**
unterbrechen
schwere **Brecher** auf See
das **Verbrechen**
der **Einbrecher**
die **Gebrechen** der Alten
Alte sind oft **gebrechlich.**
der **Wolkenbruch** (das Wasser stürzt, als seien Wolken gebrochen)
sich **erbrechen**
vor Übelkeit **brechen**
Das Land liegt brach (ungebrochen, noch nicht gepflügt).
der **Bruch** des Knochens
der **Wortbruch** (Bruch eines Versprechens)
der **Schiffbruch** (Untergang)
die **Schiffbrüchigen** (Überlebende des Untergangs)
eine **brüchige** Freundschaft
ein großer **Brocken**
Das Gestein **bröckelt.**

29 fahren

die **Ausflugsfahrt**
mit dem Zelt auf **Fahrt** gehen
Der Weg ist **befahrbar.**
eine **befahrene** Straße
die **Fahrbahn**
das **Fahrzeug**
der **Autofahrer**
Wer **vor**her **fahr**en darf, hat **Vorfahrt.**
die **Fähre** über den Fluss
die **Gefahr**
gefährlich
fahrlässig

fahren (altes Wort für 'wandern')
Wer weit **'gefahren'** ist, ist **erfahren**, hat **Erfahrung**.
Wer **mitfährt** (mitwandert), ist der **Gefährte.**
Beim Wandern im Sand bleibt eine **Fährte.**
der **Fuhrmann** auf dem **Fuhrwerk**
eine **Fuhre** Heu
die **Müllabfuhr**

30 fallen

tief **fallen**
ein tiefer **Fall**
das **Gefälle** der Straße
Der **Holzfäller fällt** Bäume.
falls das der **Fall** ist ...
ebenfalls
Die Miete ist **fällig.**
die **Mausefalle**

Tu mir den **Gefallen!**
Sei mir **gefällig.**
Halte **gefälligst** den Mund!
Beifall klatschen
Der Kranke hat einen **Rückfall.**
Der Kranke hat **Durchfall.**
Das Theaterstück **fällt durch**.
Abfall wegwerfen

31 nehmen

in der Schule etwas **durchnehmen**
etwas **übel nehmen**
sich **zusammennehmen**
einen Verdächtigen **vernehmen**
an etwas **teilnehmen**
die **Vernehmung**
sich gut **benehmen**
abnehmender Mond
Wir **unternehmen** etwas.

Der **Unternehmer** hat eine Fabrik.
mit dem **Aufnehmer** feucht wischen
Geld **einnehmen**
mit dem Fotoapparat eine **Aufnahme** machen
die **Aufnahme** in die Bande
Mach eine **Ausnahme!**
ausnahmsweise

32 setzen

mit der Fähre **übersetzen**
ins Englische **übersetzen**
in Klasse 5 **versetzen**
Versetz dich in meine Lage!
den Präsidenten **absetzen**
Der Gärtner **setzt Setzlinge.**
das **Gesetz**
nicht zu **ersetzen**
unersetzlich
entsetzlich

der **Satz** im Heft
der **Aufsatz**
ein weiter **Satz** (Sprung)
der **Sitz** im Auto
das **besetzte** Klosett
der **Besitz**
sitzen
der **Vorsitzende**
die **Sitzung**

33 sprechen

miteinander **sprechen**
etwas **besprechen**
etwas **versprechen**
sich **versprechen**
von Schuld **freisprechen**
die **Sprechstunde**
die **Sprache**
die **Aussprache**
die **Ansprache**

das **Gespräch**
sprachlos vor Staunen
das **Sprichwort**
Sie **widerspricht** ihm.
der **Spruch** fürs Poesiealbum
der **Freispruch** vor Gericht
große **Ansprüche** stellen
anspruchslos sein

34 Landschaftliche Unterschiede in der Sprache

Claudia aus Oldenburg soll ihre Ferien bei ihrer Kusine Cornelia in Stuttgart verbringen. Eines Abends ruft sie an. Aber Cornelia sagt: „Ich hab grad keine Zeit. Meine Mutter muss heut schaffen. Ich muss für sie noch gelbe Rüben und Blaukraut einkaufen. Ade!“ „Tschüs!“, stottert Claudia. Sie hat nicht alles verstanden. Ihre Mutter lacht: „Tante Inge muss heute arbeiten. Und Conny muss Möhren und Rotkohl einholen.“
Der Vater brummt: „Das ist noch gar nichts! Wenn Onkel Theo die schwäbische Mundart spricht, verstehst du noch viel weniger.“ „Dafür versteht er dein Friesisch nicht“, antwortet die Mutter. Claudia denkt: „Das ist wie letztes Jahr im Urlaub auf dem Bauernhof in Bayern. Da verstand ich oft kein Wort. Aber die Bayern verstanden mein Hochdeutsch.“

Wie sagt man bei euch?

das **Abendessen**	Abendbrot, Nachtessen, zur Nacht essen, Vesper, Tee trinken
planlos und nachlässig arbeiten	faseln, hudeln, huschen, huscheln, pfuschen, schludern, schusseln, patzen, klecksen, haudern, muddeln, pudeln, luschen, luschig arbeiten, wursteln, schlampen
arbeiten	schaffen
der **Baumstumpf**	Stock, Stotz, Trumm, Stumpen, Stumpe, Stenken, Trämel, Knubbe, Knubben, Stubben
die **Beule** (durch einen Stoß oder Schlag)	Brausche, Brusche, Brüsche, Bringgel, Binkel, Delle, Dübel, Dutzel, Dotz, Dulle, Horn, Hübel, Bause, Batzen, Knubbel, Knuppe, Knuppen, Knorren, Knörzche, Kneul, Wehne

das/der **Bonbon** — Bombo, Bonsche, Bollchen, Lutscher, Klümpchen, Kamelle, Zuckerstein, Zuckerle, Gutsche, Guatl, Guats, Gutsele

die **Brotscheibe** — Brot, Schnitte, Stück Brot, Stückl Brot, Fladen, Schmiere, Butteram, Botteram, Stulle, Bemme

der **Dachboden** — Boden, Speicher, Bühne, Balken, Laube, Söller, Lucht, Böhn

sich **erkälten** — sich verkälten, sich verkühlen

Fangen (spielen) — Fangerl, Fangerles, Fangermandl, Fangetlis, Fangis, Fango, Fangus, Fangsterl, Tick, Kriegen, Einkriegen, Packen, Haschen, Hasch, Nachlaufen, Nachlauf

die **Ferse** — die Ferscht, der Fersen, die Hacke, der Hacken

der **Fleischer** — Schlachter, Metzger, Fleischhauer

die **Harke** — der Harken, der Rechen, die Rief

die **Hausschuhe** — Babuschen, Pampuschen, Puschen, Finken, Latschen, Schluffen, Schlapfen, Pantoffeln

die **Heidelbeere** — Blaubeere, Bickbeere, Waldbeere, Worbel, Schwarzbeere, Schwarzebeere

die **Heuschrecke** — Heuschreck, Grashüpfer, Springhahn, Heupferdchen, Graspferd, Heuschnecke, Heubock, Heugumper, Heuhupfer, Heuhüpper, Heuhopper, Heuhopser, Heuspringer, Hoppepferd, Haferbock, Springbock, Heuschneider

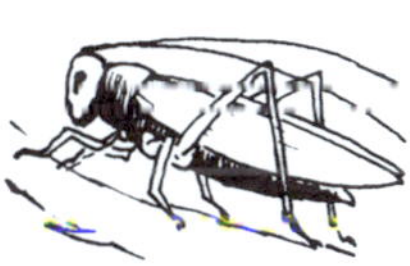

kleiner **Junge** — Knirps, Stöpsel, Butz, Steppke, Butt, Buttje, Knäckes, Lütter, Büawei

Apfelrest mit Kerngehäuse	Griebs, Ketsche, Kitsche, Butzen, Krotzen, Grotzen, Hunkepost, Hunkepul, Hunkunst, Kläue, Knirps, Mengel, Pöbel, Schnirps, Strunk, Ürbsi, Piephus

der **Klempner**	Spengler, Spangler, Flaschner, Blechner
das **Mädchen**	Mädel, Mäderl, Mädle, Madel, Madle, Maitli, Dirndl, Deern
der **Marienkäfer**	Muttergotteskäfer, Sonnenkäfer, Johanniskäfer, Mutschekiebchen, Herrgottskäfer, Glückskäfer
die **Mohrrübe**	Möhre, gelbe Rübe, Gelbrübe, Wurzel, Karotte

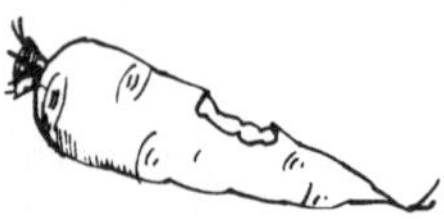

die **Murmel**	Marmel, Märbel, Knicker, Klicker, Glugger, Klucker, Schusser, Kugel, Picker, Kuller, Kügele, Spatzkugel, Löpel
naschen	schlecken, schnökern, schlötzen, schnuckern, schnopen

nicht wahr?	nicht? gell? gelle? gelt? gä? woll? oder?
die **Ohrfeige**	Ohrfiech, Backpfeife, Backs, Schelle, Watsche, Dachtel, Backfeige
das **Pferd**	das Perd, der Gaul, der Ackergaul, das Ross, der Globe, der Zossen
feines **leises Regnen**	nieseln, fisseln, siefern, sprenzen, nibeln, schmuddern, stippern, trippern, drippeln, pritschen, sprisseln, schmuddeln
der **Rotkohl**	Rotkappes, roter Kappes, Blaukappes, Rotkraut, Blaukraut

die **Rutschbahn** (auf dem Eis)	Rutschebahn, Rutsche, Glitsche, Glitschbahn, Schlitterbahn, Schlickerbahn, Schlinderbahn, Schurrbahn, Eisbahn, Bahn, Glenner, Schleifbahn, Schleif, Schleife, Schliefe
rutschen (über das Eis) 	glitschen, schlittern, schliddern, schlickern, schlindern, schindern, schurren, schusseln, Bahn schlagen, glennen, schleifen, schliefere, schliefitzen, schleimern, schliefe
der **Schluckauf**	Schluckuck, Schlucken, Schlucker, Schluckser, Schlucks, Hetscher, Höscher, Hickser, Hecker, Hick, Gluggsi, Schnackler, Schnackel, Gluggser
der **Schulranzen** 	der Ranzel, der Ränzel, der Tornister, die Schultasche, die Büchertasche, der Schulranzen, der Schulsack, der Schulpack, die Schulmappe, die Schultonne, der Schulkalier
das **Springseil**	Sprungseil, Seil, Seilchen, Hüpfseil, Hopfseil, Hupfseil, Juckseil, Tau, Springtau, Springschnur, Strick
der **Tischler**	Schreiner, Schriener, Discher
der **Weißkohl**	Wittkohl, Kappes, weißer Kappes, Weißkraut, Kraut
die **Ziege**	Geiß, Hippe, Zicke, Ziech

35 Lautmalende Wörter

Klasse 3 wandert durch den Wald. Die Lehrerin ruft die Kinder zu sich. „Heute verrate ich euch ein Geheimnis“, sagt sie. Sie nimmt einen dicken, trockenen Ast und zerbricht ihn überm Knie. „Was habt ihr gehört?“ „Knack!“, sagt Thomas. Nun zerbricht sie einen dünnen, trockenen Zweig. „Was habt ihr diesmal gehört?“ „Knick!“, ruft Nicole.

Die Lehrerin sagt: „Manche Geräusche heißen einfach so, wie sie sich anhören.

Unsere Vorfahren ahmten mit der Sprache Geräusche nach. Sie malten sozusagen mit Lauten. Im Laufe der Jahrhunderte haben sich die Wörter verändert. Aber wer genau hinhört, der hört immer noch die ‚Lautmalerei‘.“

Hier steht eine Auswahl, nach dem ABC geordnet.

ächzen, bersten, blöken, brausen, brodeln, fauchen, flüstern, gackern, gähnen, grell, grollen, grunzen, Häher, hauchen, Hummel, husten, jubeln, keuchen, kichern, kläffen, klappern, klopfen, knacken, knarren, knattern, knicken, knipsen, knirschen, knistern, knurren, krachen, krähen, kreischen, Kuckuck, lachen, lispeln, Matsch, meckern, murmeln, niesen, patschen, pfauchen, plappern, plätschern, platzen, plaudern, pochen, poltern, quaken, quietschen, rascheln, rasseln, rattern, rauschen, röcheln, rumpeln, sausen, schmettern, schnarchen, schnarren, schnattern, schnauben, schnaufen, Schnupfen, schnurren, schrill, schwatzen, schwirren, summen, surren, ticken, trällern, trillern, wiehern, wimmern, zirpen, zischen, zwitschern

36 Was Vornamen bedeuten

Namen sind nicht einfach erfunden. Jeder Name bedeutet etwas. Die meisten unserer Vornamen stammen aus fremden Sprachen. Hier sind die gebräuchlichsten Vornamen erklärt:

Jungennamen

Alexander	Die Griechen nannten einen, der sich wehrt und andere schützt: Alexandros.
André	Französischer Name für → Andreas.
Andreas	Bei den Griechen hieß das: der Tapfere.
Benjamin	In der Bibel bedeutet dieser Name so viel wie 'Glückskind'.
Christian	'Christianus' bedeutete bei den Römern: Er gehört zu Christus.
Daniel	In der Bibel bedeutet der Name: Gott ist mein Richter.
Denis	Der Name entwickelte sich aus dem Namen des griechischen Gottes des Weines und der Fruchtbarkeit: Dionysos.
Fabian	'Fabius' hieß bei den Römern: Er gehört zur berühmten Familie der 'Fabier'.
Florian	'Florus' hieß bei den Römern: blühend, prächtig.
Frank	Gemeint war damit früher: einer aus dem germanischen Stamm der Franken.
Jan	So sagt man in Norddeutschland, in Polen und bei den Tschechen für → Johannes.
Johannes	Name aus der Bibel. Er bedeutet: Gott ist gnädig.
Marcel	Mars war der römische Kriegsgott. Daraus machten die Römer die Namen Markus und Marcellus. Marcel sagen heute die Franzosen. Von ihnen haben wir den Namen.

Markus	Name aus der Römersprache Latein. Er bedeutete: der Kriegerische.
Matthias	In der Bibel bedeutet der Name: Geschenk Gottes.
Michael	Name aus der Bibel. Er bedeutet eigentlich: Wer ist wie Gott?
Nikolaus	In diesem Namen stecken die alten griechischen Namen 'nike' (Sieg) und 'laos' (Volk). Jeder kennt den berühmtesten Träger dieses Namens. Die Franzosen erfanden dazu die weibliche Form Nicole.
Patrick	Die alten Iren sagten Patricc. Den Namen hatten sie von den Römern. Bei denen bedeutete Patricius: der Edle, der Patrizier.
Philipp	Der griechische Name Philippos bedeutet: Pferdefreund.
Sascha	Wenn Russen einen Alexander gern haben, nennen sie ihn kurz: Sascha.
Sebastian	In Griechenland bedeutete Sebastianos früher: der Verehrungswürdige.
Stefan	Dieser Name bedeutet in Griechenland so viel wie 'Kranz, Krone'.
Sven	In Norwegen, Schweden und Dänemark bedeutete dieser Name früher: junger Krieger.
Thomas	Name aus der Bibel. Er meint: Zwilling.
Tim	Manche Fachleute sagen: Der Name stammt von dem germanischen Namen Thietmar (der im Volk Berühmte). Andere sagen: Er stammt von dem griechischen Wort Timotheus (Gott ehrend).
Tobias	Name aus der Bibel. Er bedeutet: Gott ist gütig.
Torsten Thorsten	Name aus Norwegen, Schweden und Dänemark. Er ist zusammengesetzt aus dem Namen des alten Donnergottes Thor und dem Wort für 'Stein': sten.

Mädchennamen

Alexandra	Weibliche Form von → Alexander. Italienisch heißt der Name: Alessandra.
Andrea	Weibliche Form von → Andreas.
Angelika Angela Angelina	Bei den alten Griechen war ein 'aggelos' ein Engel. Die Namen bedeuten also: wie ein Engel. Angelina ist die italienische Form, Angélique die französische.
Anna	In der Bibel bedeutet dieser Name so viel wie 'Huld, Gnade'.
Christiane	Weibliche Form von → Christian.
Christina, Christine	Beide Namen sind aus dem älteren Namen → Christiane entstanden.
Claudia	In der Römersprache Latein bedeutete der Name: Sie gehört zur berühmten Familie der Claudier.
Daniela	Weibliche Form von → Daniel.
Franziska	Aus dem Männernamen Franziskus (kurz: Franz) wurde der weibliche Name Franziska abgeleitet. Der stammt vom italienischen Namen Francesco. So hieß der berühmte Heilige von Assisi.
Jennifer	In uralter Zeit, als in England Kelten lebten, hieß die Frau des sagenhaften Königs Artus Guenevere.
Jessica	In der Bibel bedeutet der Name: Gott sieht dich an.
Julia	Bei den Römern bedeutete das: Sie gehört zur berühmten Familie der Julier.
Karina	Dieser Name hat sich aus Karin entwickelt. Karin ist die schwedisch/dänische Kurzform von Katharina.
Katrin	Kurzform für → Katharina.
Katharina	Bei den Griechen bedeutete der Name: die Reine.

Katja	Die Russen sagen statt Katharina: Jekatarina. Daraus wurde die Kurzform Katja.
Lisa	Das ist die Kurzform des biblischen Namens Elisabeth. Er besagt, Gott sei vollkommen.
Maria	Name aus der Bibel. Niemand weiß, was er ursprünglich bedeutete.
Melanie	Französischer Name. Die Franzosen haben ihn von den Griechen, bei denen er so viel wie 'dunkelfarbig, schwarz' bedeutete.
Nadine	Auf russisch heißt 'Hoffnung': Nadeschda. Die Russen machten daraus den Namen Nadja. Aus Nadja wurde Nadine.
Nicole	Bei den Griechen bedeutete Nikolaus so viel wie 'Volkssieger'. Die Franzosen erfanden dazu die weibliche Form Nicole.
Sabrina	So hieß der Sage nach eine kleine Flussgöttin in dem englischen Fluss Severn.
Sandra	Die Italiener sagen nicht → Alexandra, sondern Alessandra. Die Kurzform ist Sandra.
Sara	Sara ist biblischen Ursprungs und bedeutet 'Fürstin'. In der Bibel wird erzählt, alle Juden stammten letztlich von Sara ab.
Sofie	Der griechische Name Sophia bedeutet: Weisheit.
Stefanie	Weibliche Form von → Stefan.
Tanja	Das ist die Kurzform des russischen Namens Tatjana. Niemand weiß, was er bedeutet.
Vanessa	Diesen Namen erfand vor mehr als 100 Jahren der englische Dichter J. Swift. In einem Gedicht nannte er so eine interessante Frau.

In diesem Buch findest du alle Namen erklärt:
Lexikon der Vornamen, Duden-Taschenbuch Nr. 4.

37 Kleines Lexikon der Wortarten

Etwas über Verben (Zeitwörter, Tunwörter)		**Beispiele**
	Viele Wörter sagen, was man tut und was geschieht. Diese Wörter heißen Verben.	schlafen, essen, brennen
Infinitiv (Grundform, Nennform)	Im Wörterbuch stehen Verben in der Grundform (Nennform).	schlafen, essen, brennen
Zeitformen	Das Verb heißt auch Zeitwort, weil es Zeitformen hat. Sie zeigen an, wann das geschieht, wovon im Satz die Rede ist:	
Präsens (Gegenwart)	● in der *Gegenwart (Präsens)*	er schläft, sie isst, es brennt
	Mit der Präsensform kann man aber auch über die Zukunft reden.	morgen kommt er
Futur (Zukunft)	● in der *Zukunft (Futur)*	er wird schlafen, sie wird essen, es wird brennen
Dreimal Vergangenheit	● in der *Vergangenheit* In der Vergangenheit gibt es drei Zeitformen:	
Imperfekt/ Präteritum	– *einfache Vergangenheit* (das *Imperfekt* oder *Präteritum)*	er schlief, sie aß, es brannte

Perfekt	– das *Perfekt* Es besteht immer aus zwei Wörtern: wir sind gelaufen, ihr seid gekommen	er hat geschlafen, sie hat gegessen, es hat gebrannt

In Klasse 4 oder 5 lernt ihr außerdem das *Plusquamperfekt* kennen.	er hatte geschlafen, sie hatte gegessen, wir waren gelaufen

Etwas über Nomen oder Substantive (Namenwörter)

		Beispiele
	Es gibt Namen für Menschen,	Anna, Klaus, Meier, Mutter, Kind, Lehrer
	Tiere,	Hund, Katze, Lumpi
	Pflanzen	Baum, Buche, Primel
	und Dinge.	Schrank, Tisch, Auto
	Manche Namen sind nur schwer als Namen zu erkennen.	Luft, Liebe, Zeit, Angst, Meinung
	Alle diese Wörter heißen Nomen oder Substantive (Namenwörter).	
Singular (Einzahl)	Nomen/Substantive können in der Einzahl (dem Singular) stehen.	der Brief, die Blume, das Kind
Plural (Mehrzahl)	Sie können auch in der Mehrzahl (dem Plural) stehen.	die Briefe, die Blumen, die Kinder

Etwas über Artikel (Begleiter) — **Beispiele**

Nomen/Substantive können Begleiter haben. Sie heißen bestimmte Artikel (der, die, das) oder unbestimmte Artikel (ein, eine).	**die** Mutter, **eine** Mutter **das** Kind, **ein** Kind **der** Lehrer, **ein** Lehrer
Auch Artikel können im Singular (der Einzahl) stehen und im Plural (der Mehrzahl).	**die** Mutter, **die** Mütter **das** Kind, **die** Kinder **der** Lehrer, **die** Lehrer

Etwas über Pronomen oder Fürwörter — **Beispiele**

Für Nomen (Substantive) kann man auch Stellvertreter setzen.	Die Frau fuhr Auto. <u>Sie</u> fuhr Auto. Das gefiel der Frau. Das gefiel <u>ihr</u>.

'Für' heißt lateinisch 'pro'. Darum heißt diese Art Wörter auch <u>Pro</u>nomen.

Etwas über Adjektive (Wiewörter/Eigenschaftswörter) — **Beispiele**

Viele Wörter sagen, wie die Dinge sind oder wie du sie findest.	klein, lang, rot, laut, krumm frech, lieb, sympathisch
Diese Wörter heißen Adjektive.	

38 Kleines Rechtschreib-Lexikon

Liebe Kinder!

Hier folgt ein Spezial-Lexikon. Mit ihm könnt ihr schwierige Wörter üben, die häufig vorkommen, und außerdem Wörter, die Kinder häufig falsch schreiben. Nur solche Wörter sind in diesem Lexikon zu finden.

Warum wurde so ein spezielles Rechtschreib-Lexikon für Häufigkeitswörter zusammengestellt?

Manche Wörter kommen in unserer Sprache oft vor, manche selten. Wer ein Wort nicht richtig schreiben kann, das oft vorkommt, macht natürlich auch oft Fehler. Deshalb ist es vernünftig, schwierige Wörter, die oft vorkommen, besonders gut zu üben. Erst recht solltet ihr solche Wörter häufig üben, von denen wir wissen, dass Kinder sie häufig falsch schreiben. Wenn ihr das tut, werdet ihr viele Fehler gar nicht erst machen.

Damit ihr wisst, wie ihr üben sollt, gibt es viele Aufgaben.

Viele andere Aufgaben können sich helle Köpfe selber machen.

Viel Spaß beim Üben mit dem Spezial-Lexikon!

Inhalt

133 von 222

Auf diesen Seiten stehen 133 mehr oder weniger schwierige Wörter. Sie sind aus den 222 häufigsten ausgesucht. Es lohnt sich also besonders, sie zu üben.

der **Abend**
alle ♡
allein
alles
also
alt
die **Angst**
bald
bekommen
ich **bin**
bis bald!
dann ♡
daran
darauf
den ☆
denn ☆
diese
durch
einmal
das **Ende**
erst
erzählen
wir **essen** ♡
fahren
fertig
gar kein
gar nicht
das **Geld**
das **Glück**
groß
gucken
halten
die **Hand**
sie **hat**

er **hatte**
sie **hätte**
heißen ♡
helfen
heraus
der **Herr**
heute
hier
holen
hören
gib **ihm** ☆
hol **ihn** ☆
im ☆
immer
in ☆
es **ist**
das **Jahr**
jetzt
jung
ich **kann**
das **Kind**
kommen
können
sie **konnte**
kriegen ♡
kurz
lang
lassen ♡
die **Leute**
das **Mädchen**
gib **mal!**
man hat es
der **Mann**
mehr Geld

der **Mensch**
gib **mir!**
mitbringen
mitnehmen
morgen früh
der **Morgen**
sie **muss**
müssen
die **Mutter**
der **nächste** Bus
nämlich
nichts
ohne
der **Platz**
richtig
die **Sache**
schnell ♡
sehen ♡
sehr
die **Seite**
selbst
setzen
sie **sind**
sitzen ♡
sollen
sondern
später
spielen
stehen ♡
stellen ♡
die **Straße**
das **Stück**
die **Stunde**
der **Tag**

der **Vater**
viel ☆
vielleicht
voll
vom
vor
wahr ☆
während
es **war** einmal ☆
es **wäre**
wir **waren**

warten
das **Wasser**
geh **weg!**
der **Weg**
weggehen
wegnehmen
weiß ♡
wen liebst du?
wenn du willst…
wie ♡
wieder einmal

ich **will**
wir
es **wird**
wir **wissen**
die **Zeit**
ziehen
zugeben
zumachen
zwischen

1. Schreibe zu den ersten sechs Wörtern mit ☆ einen Satz.
2. Schreibe zu den restlichen Wörtern mit ☆ einen Satz.

Achtung: Unbekannte Wörter kannst du in diesem Wörterbuch nachschlagen!

3. Schreibe zu jedem Wort mit ♡ zwei Reimwörter, die in diesem Wörterbuch stehen.
4. Schreibe alle Namen von Sachen, die man nicht anfassen kann.
5. Schreibe die Wörter, die du für schwierig hältst.
6. Partnerdiktat: Alle Wörter mit doppelten Mitlauten. Nach jedem Wort wird gewechselt. Denkt euch zu jedem Wort einen kurzen Satz aus und sprecht ihn mit. Geschrieben wird aber nur das eine Wort.

Silbentrennung

Zweite Regel: Sprich das Wort. Zerlege es in Silben. Klatschen kann dir dabei helfen.
E-va, Fe-lix, Flo-ri-an, Frie-de-ri-ke, Ke-vin, Lau-ra, Li-sa, Ma-xi, Me-la-nie, Sa-bri-na, Ste-fa-nie, U-we

Dritte Regel: Wenn du zwischen mehreren Mitlauten trennen willst, kommt der letzte Mitlaut auf die neue Zeile.
An-na, Chris-ta, Fran-zis-ka, Hann-chen, Kat-rin, Thors-ten

Vierte Regel: ck wird nicht getrennt: Mi-cky-maus, Pu-mu-ckel
Leider gibt es noch ein paar kompliziertere Regeln. Deshalb ist die erste Regel die wichtigste:

> Erste Regel: Trenne ein Wort nur, wenn du sicher bist. Wenn du nicht sicher bist, beginne lieber eine neue Zeile.

Alle Affen schwimmen

Häufige Wörter mit den doppelten Mitlauten ff, ll, mm

ff

der Affe, hoffen, der Kaffee, die Kartoffel, der Koffer, die Waffe, der Löffel, offen, öffnen, schaffen, das Schiff, der Stoff, treffen, der Pfiff

ll

alle, der Ball, bellen, billig, die Brille, fallen, das Fell, hell, der Kellner, knallen, die Kralle, der Müll, die Null, der Pullover, die Rolle, schnell, sollen, der Stall, die Stelle, still, der Teller, toll, voll, die Welle, die Wolle, wollen

mm

brummen, dumm, das Gummi, der Hammer, der Himmel, immer, der Kamm, kommen, krumm, der Sommer, er nimmt, die Nummer, das Programm, sammeln, schlimm, die Schramme, schwimmen, der Stamm, die Stimme, die Trommel, das Zimmer, zusammen

1. Schreibe die Wörter mit ff, die sich reimen. So: der Affe, die Waffe, ...
2. Schreibe die Wörter mit ll, die sich reimen. So: alle, die Kralle, ...
3. Schreibe alle Wörter mit ff in der ABC-Reihenfolge. Achtung: Zwei Wörter sind falsch eingeordnet!
4. Partnerdiktat: Alle Wörter mit mm. Der Diktierer diktiert für jedes Wort einen Satz. Der Schreiber schreibt aber nur das Wort.
5. Schreibe alle Wörter, in denen 'all', 'amm' und 'imm' vorkommt.
6. Schreibe alle unterstrichenen Wörter und dazu je ein Reimwort. Wenn du unsicher bist, schlage in diesem Wörterbuch nach.
7. Schreibe drei Sätze mit möglichst vielen dieser Wörter. Im Zweifel: nachschlagen!

Wenn Schmetterlinge Suppe essen

Häufige Wörter mit den doppelten Mitlauten nn, pp, ss, tt

nn

brennen, dann, denn, donnern, dünn, innen, die Kanne, kennen, das Kinn, können, der Mann, nennen, die Pfanne, der Pfennig, rennen, der Sinn, die Sonne, die Spinne, die Tanne, wann, die Wanne, wenn

pp

kippen, klappen, klappern, der Lappen, die Lippe, die Puppe, schlapp, schleppen, schnappen, die Suppe, der Teppich, die Treppe

ss

besser, dessen, essen, fassen, fressen, das Interesse, das Kissen, die Klasse, lassen, die Masse, messen, das Messer, passen, der Schlüssel, die Tasse, das Wasser, wissen

tt

das Bett, komm bitte!, bitter, das Blatt, das Brett, die Butter, der dritte Mann, das Fett, das Futter, das Gitter, glatt, der Gott, wir hatten, die Hütte, kaputt, die Kette, klettern, der Mittag, die Mitte, die Mutter, nett, die Platte, retten, satt, der Schlitten, der Schmetterling, der Schritt, schütteln, der Vetter, wetten, das Wetter, der Zettel

1. Schreibe die Wörter mit nn und tt, die sich reimen. So: brennen, kennen, ...
2. Partnerdiktat: Alle Wörter mit tt. Der Diktierer diktiert für jedes Wort einen Satz, der Schreiber schreibt nur das Wort.
3. Schreibe alle unterstrichenen Wörter und zu jedem ein Reimwort.
4. Schreibe alle Wörter mit ss, die in diesem Buch zwischen Seite 105 und 116 stehen.
5. Partnerdiktat: Alle Wörter mit nn. Wie bei Nr. 2.
6. Schreibe alle Wörter mit pp.

Zum Kuckuck mit den Katzen, sagen die Spatzen

Häufige Wörter mit ck und tz

ck

der Acker, die Backe, backen, blicken, der Block, die Brücke, der Dackel, die Decke, dick, der Dreck, drucken, drücken, die Ecke, der Fleck, das Glück, gucken, die Hacke, die Jacke, jucken, der Kuckuck, lecker, die Mücke, packen, pflücken, der Rock, rücken, der Rücken, der Sack, schicken, schlucken, schmecken, die Schnecke, der Schreck, die Socke, spucken, stecken, der Stock, das Stück, der Trick, wackeln, der Wecker, der Zucker, zurück

tz

benutzen, blitzen, der Blitz, die Hitze, jetzt, die Katze, kitzeln, kratzen, im letzten Augenblick, der Metzger, die Mütze, der Platz, plötzlich, putzen, der Satz, der Schmutz, schützen, schwitzen, setzen, der Sitz, sitzen, der Spatz, spitz, die Spitze, spritzen, trotzdem, verletzen, der Witz

1. Schreibe alle Wörter mit 'ock' und 'ack'.
2. Partnerdiktat: Der eine schreibt alle Wörter mit 'eck', der andere alle mit 'ück'. Jedes Wort muss mit einem kurzen Satz diktiert werden. Geschrieben wird aber nur das Wort.
3. Schreibe einen Satz mit zehn bis zwölf Wörtern, von denen mindestens sechs Wörter ein ck haben. Wenn du nachschlagen willst, hast du ja das Wörterbuch schon in der Hand.
4. Suche zu fünf Wörtern mit ck ein Reimwort, das nicht auf dieser Seite steht.
5. Partnerdiktat: Der eine schreibt alle Wörter mit 'etz', der andere alle mit 'atz'. Macht es wie bei Nr. 2.

Hund holt Honig mit Sieb

Häufige Wörter mit d, g und b am Wortende

Wörter mit -d

das Bad, bald, das Band, das Bild, blind, blöd, blond, der Feind, das Feld, fremd, der Freund, die Gegend, das Geld, das Gold, der Grad (Temperatur), der Grund, die Hand, das Hemd, der Herd, der Hund, irgendjemand, die Jugend, das Kind, das Kleid, das Land, das Lied, der Mond, der Mund, der Neid, niemand, das Pferd, das Pfund, das Rad, der Rand, rund, der Sand, das Schild, ihr seid, wir sind, der Stand, der Strand, tausend, der Tod, während, der Wald, die Wand, es wird, der Wind

Wörter mit -g

der Berg, billig, die Burg, dreißig, fertig, der Flug, genug, der Honig, klug, der König, der Krieg, der Mittag, der Pfennig, der Pflug, der Tag, geh weg!, der Weg, wenig, wichtig, das Zeug, der Zug, der Zwerg

Wörter mit -b

halb, der Dieb, gelb, das Grab, der Korb, lieb, ob, das Sieb, der Stab

1. Schreibe aus dem ersten Abschnitt alle Nomen (Substantive, Namenwörter). Verlängere sie mit dem Tausend-Trick. So: das Bad, tausend Bä_d_er; ...
2. Partnerarbeit: Schreibe genauso alle Adjektive (Wiewörter). So: blind, tausend blin_d_e Hun_d_e; ...
3. Partnerarbeit: Schreibe ebenso die Nomen (Substantive, Namenwörter) und Adjektive (Wiewörter) der anderen beiden Abschnitte.
4. Welche Wörter kannst du nicht mit dem Tausend-Trick prüfen? Schreibe sie.
5. Partnerdiktat: Bei jedem neuen Anfangsbuchstaben wird gewechselt. Jeder soll an einem Tag nur zehn Wörter schreiben und zehn diktieren.
6. Suche Wörter, die zusammenpassen, und schreibe so: der blinde Hund, der Pflug auf dem Feld, der halbe Mond, ... Wie viele findest du?

Hallo, ihr Bienen, Tiger, Krokodile!

Häufige Wörter mit 'langem' i

Für das 'lange' i gibt es vier verschiedene Schreibweisen. Wer alle durcheinander übt, wird mehr Fehler machen als vorher. Teilt euch fürs Üben die Zeit ein. Zum Beispiel so: Zwischen den Herbst- und den Weihnachtsferien wird nur die erste Gruppe geübt.

Oft schreibt man es so: **ie**
die Batterie, biegen, die Biene, das Bier, bieten, der Brief, der Dieb, dienen, der Dienstag, diese, die Fliege, fliegen, fließen, der Frieden, frieren, genießen, hier, die Industrie, das Knie, kriechen, der Krieg, kriegen, lieb, das Lied, liegen, nie, nieder, niedlich, niedrig, niemals, niemand

das Papier, piepen, probieren, riechen, der Riese, schieben, schief, die Schiene, schließen, schmieren, schwierig, sie, sieben, spazieren gehen, der Spiegel, spielen, der Stiefel, tief, das Tier, verlieren, viel, vier, wie, wieder, die Wiese, die Ziege, das Ziel, ziemlich, die Zwiebel

Manchmal schreibt man nur: **i**
die Apfelsine, dir, die Fabrik, die Familie, es gibt, der Igel, das Kaninchen, das Kilo, das Kino, das Krokodil, lila, das Lineal, die Linie, die Margarine, die Maschine, mir, die Musik, prima, der Ski, der Tiger, widerlich, widersprechen, der Widerstand, der Widerwille, erwidern

Selten schreibt man es so: **ieh**
fliehen, ziehen, es geschieht, sie sieht

Sehr selten schreibt man: **ih**
ihm, ihn, ihr

1. Partnerdiktat für **einen** Abschnitt: Nach jedem Wort wechseln. Diktiert jedes Wort in einem kurzen Satz.
2. Schreibe drei Sätze, in denen viele Wörter mit ie vorkommen.

Der Kuh auf den Zahn fühlen

Häufige Wörter mit h

ahnen, die Ahnung, die Bahn, befehlen, belohnen, die Bohne, der Draht, fahren, fehlen, froh, früh, fühlen, führen, die Gefahr, gewöhnen, der Hahn, die Höhle, das Huhn, das Jahr, kehren, kühl, die Kuh, lahm, das Mehl, mehr, nah, nehmen, ohne, das Ohr, das Reh, rühren, der Schuh, sehr, der Sohn, das Stroh, der Stuhl, die Uhr, ungefähr, während, die Wahl, wählen, wahr, weh, wohl, wohnen, die Zahl, zahlen, zählen, der Zahn, zehn

1. Schreibe alle Wörter, in denen das h auf einen Umlaut folgt (ä, ö oder ü).
2. Schreibe so viele Reimwörter (möglichst auch mit einem h), wie du findest.
3. Schreibe zu jedem unterstrichenen Wort mindestens ein Reimwort, das nicht auf dieser Seite steht.
4. Partnerdiktat: Diktiert und schreibt abwechselnd alle Wörter mit eh. Sprecht zu jedem einen Satz.

Wo der Fuchs die Hexe boxt

Häufige Wörter mit chs und x

der Fuchs, der nächste Tag, sechs, wachsen, der Wechsel, wechseln, boxen, extra, die Hexe

5. Schreibe einen Satz, in dem alle drei Wörter mit x vorkommen.
6. Schreibe einen Satz, in dem mindestens vier Wörter mit chs vorkommen.

Mäuslein mit Beulen

Häufige Wörter mit eu und äu

> Achtung: **äu** gibt es nur in Wörtern, die Verwandte mit **au** haben. Sonst schreibt man immer **eu.**

die Beule, deutlich, deutsch, Deutschland, euch, die Eule, das Feuer, die Freude, freuen, der Freund, das Heu, heulen, heute, leuchten, die Leute, neu, neun, die Schleuder, teuer, der Teufel, das Zeug

aufräumen, das Gebäude, das Geräusch, häufig, läuten, das Mäuslein, der Räuber, säubern, träumen, der Verkäufer

1. Schreibe alle Wörter mit äu und zu jedem einen Verwandten mit au. So: aufräumen – der Raum; das Gebäude – b ...
2. Partnerdiktat: Alle Wörter mit eu. Nach jedem Wort wechseln. Jedes Wort in einem kurzen Satz diktieren.
3. Schreibe einen vernünftigen Satz, in dem mindestens fünf Wörter mit eu vorkommen. Vergleicht eure Sätze in der Klasse.

Meerschweinchen im Zoo

Häufige Wörter mit doppelten Selbstlauten

die Beere, das Boot, doof / das Haar, die Idee, der Kaffee, der Klee / leer, das Meer, ein paar Tage, ein Paar Schuhe / der Schnee, der See, der Tee, der Zoo

4. Schreibe auswendig immer bis zum Strich. Kontrolliere!
5. Partnerdiktat: Nach jedem Wort wechseln. An ganze Sätze denken.

Spinne am Morgen

Die Tageszeiten

Tageszeiten werden fast immer großgeschrieben:

der **Morgen**, der **Mittag**, der **Abend**, die **Nacht,** am **Morgen**, am **Mittag**, am **Abend**, in der **Nacht**

eines **Morgens,** … guten **Morgen**, … heute **Morgen,** gestern **Mittag**, morgen **Abend**, eines **Abends**, … guten **Abend,** …

Es gibt nur eine einzige Gruppe von Ausnahmen:

morgens, mittags, abends, nachts, …

1. Schreibe die ersten beiden Zeilen.
2. Schreibe die folgenden zwei Zeilen.
3. Schreibe alle Ausnahmen, die dir einfallen.
4. Schreibe alle Formen vom Vormittag.
   Übermale die einzige Ausnahme gelb.
5. Schreibe alle Formen vom Nachmittag.
   Übermale die einzige Ausnahme gelb.

Mädchen ärgert Bär im Käfig

Häufige Wörter mit ä

ähnlich, ändern, ängstlich, ärgerlich, ärgern, der Bär, beschäftigen, erzählen, er fällt, gefährlich, glänzen, die Hälfte, sie hält fest, hängen, der Käfer, der Käfig, der Käse, das Mädchen, das Märchen, der März, der nächste Tag, nähen, nämlich, das Plätzchen, die Säge, sägen, spät, ungefähr, vorwärts, während, zählen

6. Einige Wörter haben Verwandte mit a. Aber nicht alle! Schreibe so:
   ändern – anders, ängstlich – die …
7. Schreibe zwei Sätze mit je zehn bis zwölf Wörtern. In jedem sollen mindestens fünf Wörter mit ä vorkommen.
8. Partnerdiktat: Nach jedem Wort wechseln.

Fliegen fliegen

Schwierige Großschreibung

die Angst; der Ärger; der Augenblick; zum Beispiel; etwas Besseres; bitten, die Bitte; blicken, der Blick; das Ding; der Durst; im Ernst; essen, das Essen; fahren, die Fahrt; beim Fernsehen; es ist fett, das Fett; fliegen, die Fliege, der Flug

die Gefahr; das Gefühl; zum Glück; die Großen; etwas Gutes; die Hilfe; die Idee; die Kleinen; die Meinung; die Menge; in der Mitte; der Mut; die Ruhe; an erster Stelle; der Streit; das Stück; das Unglück; die Vorsicht; wissen, das Wissen; einige Zeit

1. Partnerdiktat: Erster Abschnitt. Bei jedem Strichpunkt wechseln.
2. Partnerdiktat: Zweiter Abschnitt. Bei jedem Strichpunkt wechseln.

Gans im Bus

Wörter mit schwierigem -s am Ende

bis morgen, der Bus, eins, das Eis, die Gans, das Glas, das Gras, der Hals, das Haus, der Kreis, los, die Maus, der Reis

3. Schreibe alle Nomen (Substantive, Namenwörter) ab. Wenn du eine Mehrzahl kennst, schreibe auch sie. So: der Bus – die Busse; das Eis; die Gans – ...
4. Merke dir immer ein paar Wörter und schreibe sie dann auswendig. Kontrolliere sofort.

Mann fiel ins Meer

Klangähnliche Wörter

Achtung: Diese Wörter sollen nur Kinder im 4. Schuljahr üben.

er fiel – viel Glück ▪ man sieht es – der Mann ▪ ihr seid – seit heute ▪ die Stadt – das Fest findet statt ▪ es ist wahr – es war einmal ▪ bis gestern – der Hund biss ▪ heute Morgen – die Häute der Tiere ▪ das Meer – mehr Geld ▪ der Tod – er ist tot ▪ sie fährt Auto – das Pferd

Regenpfeifer tritt auf Blüte

Ausgesuchte 'Gemeinheiten'

Vergangenheit

27 Wörter, bei denen Nachdenken nichts hilft

bekommen – wir bekamen
bitten – wir baten
bleiben – wir blieben
erschrecken – wir erschraken
fallen – wir fielen
greifen – wir griffen
haben – wir hatten
halten – wir hielten
kneifen – wir kniffen
kommen – wir kamen
laufen – wir liefen
leiden – wir litten
nehmen – wir haben genommen
pfeifen – wir pfiffen
raten – wir rieten
reiten – wir ritten
rufen – wir riefen
schreiben – wir schrieben
schneiden – wir schnitten
schreien – wir schrien
schweigen – wir schwiegen
senden – wir sandten
sitzen – wir haben gesessen
steigen – wir stiegen
treffen – wir trafen
treiben – wir trieben
verlieren – wir verloren

Gegenwart

Fünf Wörter, bei denen Nachdenken nichts hilft

geben – sie gibt ▪ haben – er hat (aber: wir hatten!) ▪ nehmen – er nimmt ▪ sehen – sie sieht ▪ treten – er tritt

Riesengroße 'Gemeinheiten'

blühen – die Blüte ▪ alt, älter – die Eltern ▪ brennen, es brannte – der Brand

1. Lies immer drei Wörter der Wir-Form im ersten Abschnitt, schreibe sie auswendig, kontrolliere sofort. Jeden Tag nur neun Wörter.
2. Denke dir ähnliche Übungen mit den anderen Wörtern aus.

Irgendwann einmal einem Hund zusehen

Zusammenschreiben oder getrennt schreiben?

Zusammenschreiben

aufhören, aufpassen, aufnehmen; herauslaufen, rauslaufen, herausholen, rausholen; hereinkommen, reinkommen, hereinlassen, reinlassen; zurückgeben, zurückkommen, zurücklassen; mitbringen, mitfahren, mitnehmen

1. Schreibe zu jedem Wort einen Satz.

Getrennt schreiben

gar nicht, gar nichts, gar kein; immer noch, immer mehr, immer wieder; zu Ende, zu Hause, spazieren gehen

2. Schreibe jeweils einen Satz.

'mal' und 'Mal'

auf einmal, diesmal, zweimal, manchmal, nochmal, mehrmals, das erste Mal, zum ersten Mal, jedes Mal, mehrere Male

3. Schreibe jeweils einen Satz.

Wörter mit 'irgend'

irgendein, irgendwann, irgendwas, irgendwer, irgendwie, irgendwo; irgendetwas, irgendjemand

4. Schreibe jeweils einen Satz.

Wörter mit 'zu'

Er befahl dem Hund zu kommen. Wir haben nichts zu essen. Sie lag im Bett um zu schlafen.
Er begann ihn zu schlagen. Er will die Tür zuschlagen.
Sie kam um mich zu sehen. Wir wollten beim Spiel zusehen.
DieTür drohte zuzuschlagen. Wir beschlossen beim Spiel zuzusehen.

5. Lies mit richtiger Betonung. Achte darauf: 'zu sehen' und 'zusehen' betonst du unterschiedlich.
6. Partnerdiktat mit guter Betonung. Nach jedem Satz wechseln.

Flusspferd fraß Nüsse

Häufige Wörter mit ss und ß

Ein ß steht nur nach langem Selbstlaut.

Wörter mit ß: wir aßen, außen, außerdem, beißen, bloß, draußen, dreißig, fleißig, fließen, sie fraßen, der Fuß, gießen, groß, der Gruß, grüßen, heißen, sie ließ, wir saßen, schließen, der Spaß, stoßen, die Straße, ich vergaß

1. Partnerarbeit: Lest einander mit leiser Stimme diese Wörter vor und übertreibt dabei den langen Selbstlaut.

Wörter mit ss: aufpassen, besser, ein bisschen, wir bissen, wir essen, das Fass, sie flossen, der Fluss, fressen, sie frisst, gesessen, sie goss, interessant, das Kissen, die Klasse, lass das!, das Messer, müssen, du musst, nass, passen, das Schloss, der Schlüssel, der Schuss, das Wasser

2. Partnerarbeit: Lest einander diese Wörter vor und sprecht den kurzen Selbstlaut so kurz wie möglich.
3. Diese Wörter gibt es nicht. Aber ihr könnt sie lesen. Lest leise. Achtet auf die Selbstlaute.
   klessen – kleßen; lußen – lussen; zissen – zießen; krassen – kraßen; brüßen – brüssen; joßen – jossen
4. Schreibe jedes unterstrichene Wort mit mindestens einem Reimwort.

Verwandt – und doch verschieden: Manchmal sind Wörter eng verwandt, und trotzdem werden einige mit ss und einige mit ß geschrieben. Nicht auf die Verwandtschaft kommt es an, sondern nur auf die kurzen oder langen Selbstlaute!

fließen – es floss – der Fluss – das Floß

wissen – sie weiß – er wusste – gewusst

beißen – er biss – der Biss – gebissen – die Beißzange

5. Schreibe jede Zeile auswendig.

Ach wie gut, dass niemand weiß, dass ich Rumpelstilzchen heiß!

Das häufigste Fehlerwort bei Kindern

Die weitaus meisten Fehler machen Kinder mit dem Wort 'dass'. Man braucht ein Gefühl dafür, wann es stehen muss. Das Gefühl kommt erst nach sehr viel Übung. Wenn ihr immer wieder einmal diese Seite bearbeitet, wächst das Gefühl schneller.

Ich will, dass du mich besuchst. Wer sagt denn, dass der Frosch keine Haare hat? Ist es richtig, dass Zahnkarpfen lebende Junge kriegen? Sieh zu, dass du nicht zu lange bleibst.

1. Schreibe ab. Schreibe jedes 'dass' rot.
2. Schreibe jeden Satz bis zum Komma ab. Erfinde dann eine eigene Fortsetzung.

Weißt du, dass … ? Ich habe gehört, dass … Wir freuen uns, dass … Ich kann nichts dafür, dass … Es ist leider wahr, dass … Ich will nicht, dass …

3. Schreibe. Vervollständige die Sätze.

Die Sonne blendete ihn, dass er nichts sah. Sie sangen, dass sie heiser wurden. Wir waren so müde, dass … Es war so finster, dass … Es war so laut in der Klasse, dass … Er lügt, dass …

4. Schreibe und vervollständige die letzten Sätze.

Ich glaube, dass das Baden hier verboten ist. Wir wissen, dass das Rechtschreiben … Die Ärzte sagen, dass das Rauchen … Sorge dafür, … Pass bloß auf, … Hast du nicht gehört, …

5. Schreibe und vervollständige die letzten Sätze.
6. Denke dir eigene Sätze nach Art dieser Seite aus.

39 Freie Wahl bei manchen Fremdwörtern

Früher musste man bestimmte Fremdwörter mit rh, ph oder th schreiben. Heute kann man wählen.

So schreibt man	Auch so ist es möglich
die Biografie, die Biografien	die Biographie, die Biographien
die Fantasie, die Fantasien, fantasieren, fantastisch	die Phantasie, die Phantasien, phantasieren, phantastisch
die Fotografie, die Fotografien, das Foto, die Fotografin, die Fotokopie, fotografieren	die Photographie, die Photographien, das Photo, die Photographin, die Photokopie, photographieren
die Geographie, geographisch	die Geografie, geografisch
das Mikrofon, die Mikrofone	das Mikrophon, die Mikrophone
der Panther, die Panther	der Panter, die Panter
der Paragraph, die Paragraphen	der Paragraf, die Paragrafen
die Stenografie, stenografisch	die Stenographie, stenographisch

Deutsch statt französisch

Manche Wörter übernahmen unsere Vorfahren von den Franzosen. Darum schrieb man sie französisch. Bei manchen ist heute auch die deutsche Form erlaubt.

französisch	**deutsch**
Cousine	Kusine
Creme	Krem
Friseur	Frisör
Portemonnaie	Portmonee
Sauce	Soße
Varieté	Varietee

Kleines Bild-Wort-Lexikon Englisch

Thomas: *In der Schule lernen wir jetzt Englisch. Ist das schwer?*

Claudia: *Nein. So viele Menschen auf der Welt sprechen Englisch. Dann kann es doch nicht schwer sein.*

family

grandfather
(grandpa)
grandmother
(grandma)
grandmother
(grandma)
father
(dad, daddy)
mother
(mum, mummy)
son
daughter
brother
sister

face

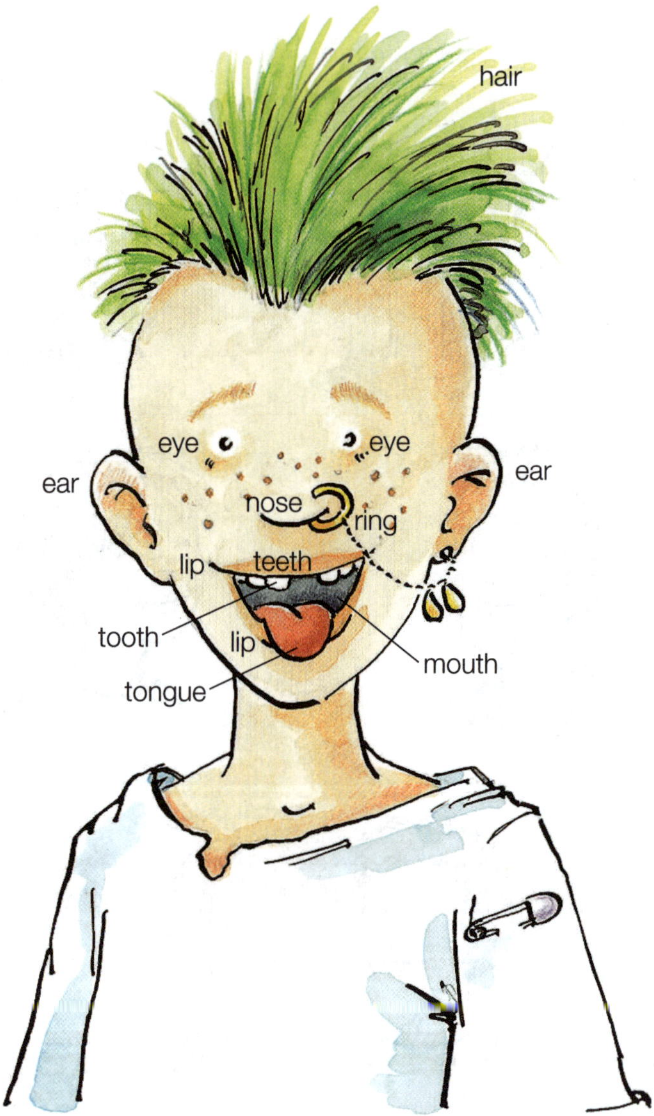
hair
eye
eye
ear
ear
nose
ring
lip
teeth
tooth
lip
mouth
tongue

body

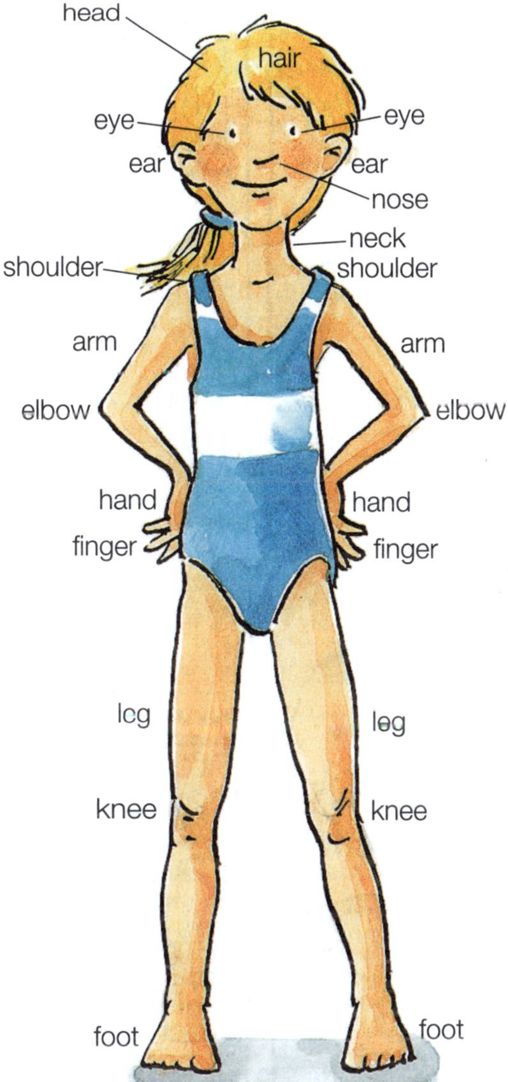
head
hair
eye
eye
ear
ear
nose
neck
shoulder
shoulder
arm
arm
elbow
elbow
hand
hand
finger
finger
leg
leg
knee
knee
foot
foot

clothes

anorak
sock
boots
skirt

shirt
coat
dress
blouse

sweatshirt
T-shirt
slipper
shorts

jacket
jeans
shoes
cap

room

clock
lamp
window
pillow
CD-player
radio
cat
books
bed
door
pencil
dog
paper
desk
guinea pig
chair
television
pyjamas
hanger
book

kitchen

lamp
cupboard
window
plates
cups
glasses
clock
tap
drops of water
kettle
toaster
forks
knives
cooker
fridge
door
washing machine
plate
cup
glass
table
fork
knife
spoon
potatoes

food, fruits

jam
butter
soup
tomato
eggs
orange
sugar
plum
cheese
banana
tomatoes
bananas
bread
apples
potato
apple
plums
oranges
potatoes

days of the week

Monday

Tuesday

Wednesday

Thursday

Friday

Saturday

Sunday

town

houses
cars
garage
windows
house
motor bike
taxi
supermarket
traffic lights
door
bicycle (bike)
car
bus
police officer

spring and summer

spring (March, April, May)

summer (June, July, August)

autumn and winter

autumn (September, October, November)

winter (December, January, February)

numbers

one
two
three
four
five
six
seven
eight
nine
ten
eleven
twelve

black white grey

Good morning.
Good afternoon.
Good evening.
Good night.
Please.
Thank you.
What's that?
What's the time?

Excuse me.
I'm sorry. (Sorry.)
Hello everybody.
How are you?
Fine.
Let's go.
Goodbye. (Bye-bye.)
Have a nice day.

A

afternoon	Nachmittag
and	und
anorak	Anorak
apple	Apfel
April	April
April showers	Aprilschauer
arm	Arm
August	August
autumn	Herbst

B

banana	Banane
bed	Bett
bicycle (bike)	Fahrrad
big	groß
bird	Vogel
black	schwarz
blouse	Bluse
body	Körper
book	Buch
boots	Stiefel
bread	Brot
brother	Bruder
bus	Bus
butter	Butter
butterfly	Schmetterling

C

cap	Mütze
car	Auto
cat	Katze
CD-player	CD-Spieler
chair	Stuhl
cheese	Käse

Christmas	Weihnachten
clock	Uhr
clothes	Kleidung
cloud	Wolke
coat	Mantel
cooker	Herd
cup	Tasse
cupboard	Schrank

D

daughter	Tochter
day	Tag
December	Dezember
desk	Schreibtisch
dog	Hund
door	Tür
dress	Kleid
drop	Tropfen

E

ear	Ohr
Easter	Ostern
Easter egg	Osterei
egg	Ei
elbow	Ellbogen
evening	Abend
eye	Auge
Excuse me.	Entschuldige!

F

face	Gesicht
falling leaves	fallende Blätter
family	Familie
fat	fett, dick
father	Vater

February	Februar
fine	fein, gut
finger	Finger
flower	Blume
fog	Nebel
food	Speise, Lebensmittel
foot	Fuß
fork	Gabel
Friday	Freitag
fridge	Kühlschrank
fruits	Früchte

G

garage	Garage
glass	Glas
good	gut
goodbye (bye-bye)	auf Wiedersehen
grandfather	Großvater
grandmother	Großmutter
grey	grau
guinea pig	Meerschweinchen

H

hair	Haar
hand	Hand
hanger	Kleiderbügel
happy	glücklich
Have a nice day.	Einen schönen Tag!
head	Kopf
Hello everybody.	Hallo zusammen!
holidays	Ferien
house	Haus
how	wie
How are you?	Wie geht's dir?

I

ice	Eis
ice-cream	Eiskrem
I'm sorry. Sorry. (I am sorry.)	Tut mir Leid.
inline skating	Inline-Skaten

J

jacket	Jacke
jam	Marmelade
January	Januar
jeans	Jeans
June	Juni
July	Juli

K

kettle	Kessel
kitchen	Küche
knee	Knie
knife	Messer

L

lamb	Lamm
lamp	Lampe
leg	Bein
Let's go. (Let us go.)	Lass uns gehen.
lip	Lippe
little	klein

M

March	März
May	Mai
Monday	Montag
morning	Morgen

mother	Mutter
motor bike	Motorrad
mouth	Mund

N

neck	Hals, Nacken
nest	Nest
new	neu
night	Nacht
nose	Nase
November	November
number	Zahl

O

October	Oktober
old	alt
orange	Orange, Apfelsine

P

paper	Papier
pear	Birne
pencil	Bleistift
picnic	Picknick
pillow	Kissen
plate	Teller
please	bitte
plum	Pflaume
police officer	Polizist
potato	Kartoffel
primary school	Grundschule
pyjamas	Pyjama

R

radio	Radio
rain	Regen
ring	Ring
room	Zimmer

S

sad	traurig
Saturday	Samstag
September	September
shirt	Hemd
shoe	Schuh
shorts	Shorts
shoulder	Schulter
sister	Schwester
skirt	Rock
sledge	Schlitten
slipper	Hausschuh
snow	Schnee
snowball	Schneeball
snowflake	Schneeflocke
snowman	Schneemann
sock	Socke
son	Sohn
soup	Suppe
spoon	Löffel
spring	Frühling
storm	Sturm
sugar	Zucker
summer	Sommer
Sunday	Sonntag
sunshine	Sonnenschein
supermarket	Supermarkt
sweatshirt	Sweatshirt
swimming	Schwimmen
swimming pool	Swimmingpool

T

table	Tisch
tap	Wasserhahn
taxi	Taxi
teeth	Zähne
television	Fernseher
thank you	danke
thin	dünn
Thursday	Donnerstag
toaster	Toaster
tomato	Tomate
tongue	Zunge
tooth	Zahn
town	Stadt
traffic lights	Verkehrsampel
T-shirt	T-Shirt
Tuesday	Dienstag

W

washing machine	Waschmaschine
water	Wasser
Wednesday	Mittwoch
week	Woche
What's that? (What is that?)	Was ist das?
What's the time? (What is the time?)	Wie spät ist es?
white	weiß
window	Fenster
winter	Winter